生命科学实验指导系列

遗传学与基因工程实验指导

李建粤　崔永兰　崔丽洁　开国银　编著

科学出版社
北京

内 容 简 介

本书是一本实用性较强的遗传学与基因工程实验教材。在每个实验中，通过实验原理及预备知识介绍，使读者能够更好地了解与该实验相关的原理及背景知识；并且在大多数实验步骤中，还插入了一些在实验操作中拍摄的照片，使读者能够更容易地把握其中的技术要领并观察实验结果。本书共编著了19个实验，实验1至实验10为经典遗传学实验内容，实验11至实验19为基因工程实验内容。

本书可供高等院校中生物科学、生物技术、科学教育、园艺或医药等专业的师生使用，同时也可作为中学生物教师的教学参考资料。

图书在版编目(CIP)数据

遗传学与基因工程实验指导／李建粤等编著. —北京：科学出版社，2014.3
生命科学实验指导系列教材
ISBN 978-7-03-039764-5

Ⅰ. ①遗… Ⅱ. ①李… Ⅲ. ①遗传学-实验-高等学校-教材②基因工程-实验-高等学校-教材 Ⅳ. ①Q3-33②Q78-33

中国版本图书馆CIP数据核字(2014)第026693号

责任编辑：朱 灵／责任校对：谭宏宇
责任印制：黄晓鸣／封面设计：殷 靓

科 学 出 版 社 出版
北京东黄城根北街16号
邮政编码：100717
http://www.sciencep.com
南京展望文化发展有限公司排版
广东虎彩云印刷有限公司印刷
科学出版社出版 各地新华书店经销

*

2014年3月第 一 版 开本：787×1092 1/16
2025年1月第二十二次印刷 印张：4 3/4 插页：2
字数：99 000

定价：29.00元

前　言

尽管遗传学诞生较晚，但它在生命科学领域中是一门发展非常迅速的学科。随着遗传学研究从细胞水平向分子水平的深入，它已成为当今生命科学前沿的核心学科。基因工程属于遗传学的一项应用技术，如今也已成为分子生物学研究领域的重要方法之一。

在高等院校中与生物学相关的专业，如生物科学、生物技术、科学教育、园林等的课程设置中，遗传学和基因工程都会被列为重要的基础课程。而且，有些高等院校在分子生物学实验课程中，也会选择与基因工程相关的实验内容。为了使教师和学生能有一本更实用的教材，我们尝试编写了本书。

本书内容主要包括经典遗传学实验和基因工程实验两大部分，共 19 个实验。其中，实验 1、实验 3、实验 5、实验 6、实验 8 至实验 11 由崔永兰编写，实验 12、实验 13、实验 14 和实验 17 由崔丽洁和开国银编写，其他实验由李建粤编写。

编者们之所以能够在较短时间内顺利完成本书的编写，首先要感谢曾在上海师范大学生物系遗传教研室工作过、目前已退休的李玉莺副教授、周根余教授和阮家超副教授。本书的实验 1 至实验 9 是在这三位教师编写或完善的《遗传学实验讲义》基础上编写的。

本书的最大特点是在大多数实验步骤中，插入了照片，使读者能够更容易地把握其中的技术要领并观察实验结果。这些照片主要是在 2009 级和 2010 级生物科学专业的学生上实验课时，由编者或学生拍摄的。在此，向为本书编写提供实验照片的学生们表示由衷地感谢！同时也感谢科学出版社在本书出版过程中给予的支持和帮助！

由于经验和水平有限，本书难免存在一些问题，敬请读者给予批评指正，谢谢！

李建粤

2013 年 11 月 8 日

目　　录

实验1　细胞的有丝分裂

【实验目的】

1. 初步学会植物根尖压片的基本技术。

2. 了解细胞有丝分裂的整个过程以及染色体在各个时期的动态变化。

【实验原理与预备知识】

有丝分裂是体细胞分裂的主要方式。高等植物有丝分裂主要发生在根尖、茎尖等器官的分生组织区，其中根尖是最常用的实验材料。有丝分裂期在整个细胞周期中所占的时间相对较短，是一个没有明显界限的动态的连续过程，但是可以根据一定的标志将它们划分为4个时期(图1-1)：前期(prophase)，中期(metaphase)，后期(anaphase)和末期(telophase)。在细胞分裂前的间期(interphase)，遗传物质DNA完成复制，并形成染色单体。

前期：是有丝分裂过程的开始阶段，细胞核内染色质丝开始浓缩，经过螺旋化、折叠和包装等过程，逐渐缩短变粗，形成光学显微镜下可见的染色体结构。在前期结束时，核仁消失，核膜崩解。

中期：核膜完全消失，全部染色体排列在细胞中央赤道板上，出现纺锤丝，并与每个染色体的着丝粒相连。

后期：由于纺锤丝微管收缩，着丝粒纵向分裂，每个染色体的两个染色单体分别向两极移动。由于着丝粒在每个染色体上位置的不同，可呈现不同的形状。染色单体就成为子染色体。

末期：分裂后的两套染色体开始在两极聚集，染色体开始解螺旋，恢复在间期伸展的状态。纺锤丝消失，核仁、核膜重新形成。此时，核分裂完成，每个细胞有两个细胞核。

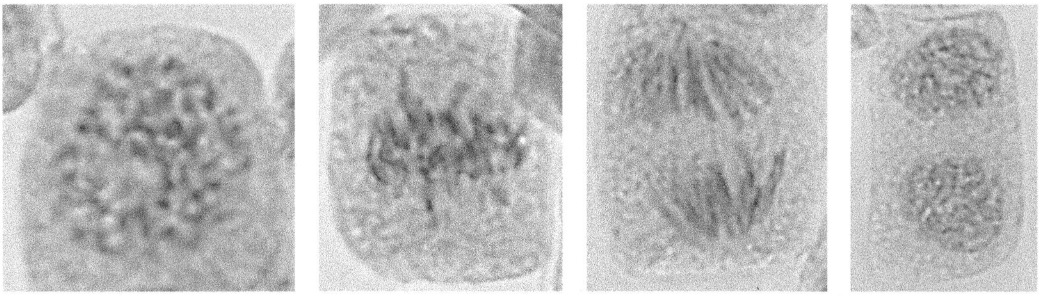

(a) 前期　(b) 中期　(c) 后期　(d) 末期

图1-1　洋葱根尖细胞有丝分裂的基本过程

有丝分裂制片的主要目的是进行染色体鉴定，以便观察到更多分裂相，所以通常需要对材料进行预处理。预处理主要通过抑制和破坏纺锤丝的形成获得更多的中期分裂相。常用的预处理方法有物理法、化学法、混合处理法等。本实验使用化学药剂秋水仙素进行预处理。

另外，植物细胞的细胞壁对细胞形态和结构起支撑和保护作用，分生组织的细胞壁结构将分生细胞结合成一个整体，因此在压片之前需要采用适当的方法软化或部分分解细胞壁，使细胞间易于分离，呈单细胞状态，这一操作称为解离。同时，解离也可适当清除部分细胞质，使细胞质背景趋于透明化，便于观察染色体。常用的解离方法主要有酸解法和酶解法。本实验使用盐酸进行解离。

【实验用品】

1. 材料

洋葱（*Allium cepa*，$2n=2X=16$）根尖。

2. 用具

显微镜、小刀片、镊子一把、解剖针一支、试管一只、载玻片、盖玻片，酒精灯、吸水纸。

3. 药品及配制

醋酸洋红染液：100 mL 45％醋酸（45 mL 冰醋酸加水稀释至 100 mL）加 1 g 洋红，煮沸（回流装置）约 2 h，冷却 2 天后过滤即可用。如发现染液过浓可用 45％醋酸稀释。

秋水仙素溶液：称取 200 mg 秋水仙素溶于 100 mL 0.85％ NaCl。

冰醋酸乙醇固定液：95％乙醇 3 份加冰醋酸 1 份（3∶1）。

1 mol/L HCl：量取 82.5 mL 浓盐酸（相对密度 1.18）加蒸馏水 917.5 mL。

盐酸乙醇解离液：95％乙醇 1 份加浓盐酸 1 份（1∶1）。

【实验步骤】

1. 取材

将洋葱根部浸入盛水广口瓶上，使根萌发，当根长至 1～2 cm 时，切下 1 cm 左右的根进行预处理。

2. 预处理

经预处理的根，细胞分裂被抑制在中期，染色体缩短便于计数。方法是将切下的根放在 0.04％～0.2％的秋水仙素溶液里浸泡 2～5 h，水洗数次；或者将根放入蒸馏水中于 0～3℃条件下保存 24 h。

3. 固定

将根放入冰醋酸乙醇固定液中固定 3～24 h（如急需观察，固定时间可缩短至 10 min，甚至可省去预处理，直接在醋酸洋红染液中染色压片），固定后的根用 95％的乙醇洗去冰醋酸，移入 70％乙醇保存液。经固定的根可放入冰箱 4℃长期保存。

4. 解离

一种方法是将固定后的根经流水冲洗 10 min，在 60℃ 1 mol/L 盐酸中解离 10 min；另一种方法是将根放入滴有盐酸乙醇解离液的凹玻片内约 10 min。解离过的根用水冲洗 2～3 次。解离的目的是溶解细胞之间的果胶质，使根尖细胞在压片时更容易分散。

5. 染色

用刀片切取根尖 2～3 mm 的分生组织生长区，滴 1 滴醋酸洋红染液，放置 10～15 min，加盖玻片，用解剖针尖或柄轻轻敲击盖玻片，使细胞分散，用吸水纸吸去多余的染液，然后用拇指用力按压。为了增加染色效果，可将载玻片在酒精灯上迅速通过数次。

6. 在显微镜下观察压片

先用低倍镜(10×)寻找有分裂相的视野，然后选择染色体分散的细胞在高倍镜(40×)下仔细观察，寻找有丝分裂的各个时期，进行染色体计数和拍照。

7. 制成永久装片

装片如需要长期保存，可经脱水、透明、封片等步骤制成永久片。方法是将临时片扣置于70%乙醇中，令其盖玻片自行脱落；然后经95%乙醇，无水乙醇脱水(3～5 min)，再经二甲苯透明(3～5 min)，最后用中性树胶封片，贴上标签，注明材料名称、有丝分裂典型时期、制片时间、制作者等信息。

【问题与思考】

1. 什么是染色单体？子细胞中的染色体与母细胞中的染色体是否相同，为什么？有丝分裂有什么生物学意义？

2. 在有丝分裂后期，着丝粒分裂是否由于纺锤体的牵拉引起？

【作业】

1. 每人制作两张洋葱根尖细胞分裂的临时压片。

2. 绘制所观察到有丝分裂典型时期的染色体图像，并简要说明各时期染色体的变化和特征。

实验 2　植物小孢子减数分裂过程观察

【实验目的】

1. 了解小孢子形成过程及减数分裂中染色体的动态变化。

2. 掌握制作细胞染色体压片的基本技能。

【实验原理与预备知识】

减数分裂是一种特殊的有丝分裂，在减数分裂的过程中染色体分裂一次而细胞分裂两次。因此，一个含双倍染色体($2n$)的孢母细胞便形成了四个含单倍染色体(n)的四分孢子。生物体以染色体的减半来调节受精作用增加的染色体，保证了物种染色体的稳定性。

在花粉母细胞中的 $2n$ 个染色体，n 个来自父本，n 个来自母本，n 对染色体虽各不相同，但每对的形态完全一样，称为同源染色体。例如，玉米有 10 对共 20 个染色体，10 个来自父本，10 个来自母本。大麦有 7 对共 14 个染色体，7 个来自父本，7 个来自母本。减数分裂不仅使染色体数目减半，还包含父母同源染色体的配对，非姐妹染色单体的交换重组以及非同源染色体的自由组合。染色体的这种行为和遗传的传递规律是一致的。

减数分裂又可分为第一次细胞分裂和第二次细胞分裂，过程简述如下。

前期Ⅰ：减数第一次细胞分裂的前期较长，一般又可以分为五个时期。

细线期——核膜内呈现丝状染色体，绕作一团，头尾不明，不便计数。此时期核仁明显。

偶线期——同源染色体开始配对。

粗线期——配对后的染色体缩短变粗，有些生物在此期可清楚地看到特殊形状的 n 对染色体。每条染色体含两个染色单体，由一个着丝粒相连，每对配对的同源染色体其非姐妹染色单体之间进行了局部交换。

双线期——染色体进一步缩短，之前联会配对的染色体开始互相排斥分开。由于配对后同源染色体间发生过局部交换，因此在一定距离间出现交叉结。

终变期——染色体继续缩短变粗，可以清楚地看到 n 个双价染色体的结构。

中期Ⅰ：核膜、核仁消失，成对双价染色体排列在赤道板上，形成纺锤体。

后期Ⅰ：由于纺锤丝的牵引，成对染色体分向两极，但双价染色体的着丝粒尚未分裂，姐妹染色单体仍在一起。在此时期，花粉母细胞染色体数减半。

末期Ⅰ：分至两极的染色体开始解螺旋，在赤道板上形成细胞壁。由于末期Ⅰ的时间极短，分裂间期也不明显，有时和第二次分裂前期的界限很难区分。

间期：在两次细胞分裂之间，有些生物，如玉米有一个短暂的间期，有些生物则没有此时期。

前期Ⅱ：时间极短，和末期Ⅰ相似。

中期Ⅱ：染色体又缩短变粗，排列在赤道板上，两个姐妹染色单体相互排斥，着丝粒尚未分开。

后期Ⅱ：着丝粒分裂，每一染色体的姐妹染色单体因此分为两个子染色体，分别趋向两极，两极各有 n 个子染色体。

末期Ⅱ：和一般有丝分裂末期相同，小孢子母细胞完成减数分裂后形成四个子细胞，称为四分孢子，以后发育成花粉粒。

花粉母细胞减数分裂过程中染色体的动态变化参见图 2－1。

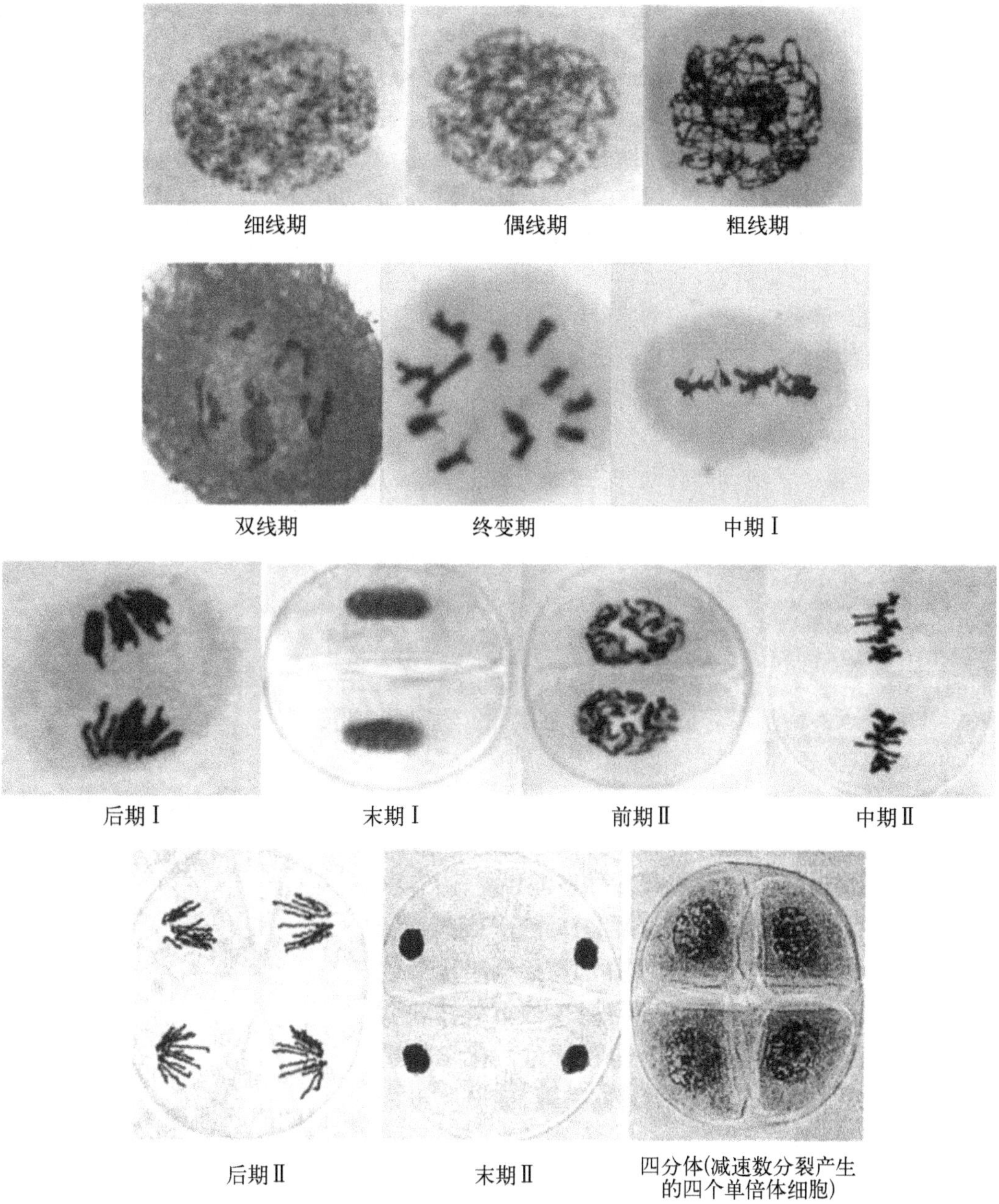

图 2－1　花粉母细胞减数分裂过程

（部分引自李雅轩和赵昕，2006）

【实验用品】

1. 材料

孕穗期的玉米幼穗(或大麦)雄花序。

取材处理：玉米为单性花，雌雄同株。雄穗着生于植株的顶端，为圆锥花序；雌穗着生于植株中部的叶腋内，为肉穗花序。早熟种玉米孕穗期在具 10～11 片叶(晚熟品种为 15～16 片叶)时。顶叶尚未抽出时，用手抚其叶片喇叭口的下端，即有孕穗所致柔软之感，纵剖后从内部小心取出花序。不同玉米品种之间细胞分裂最旺盛时间稍有差异，但取材时间一般在上午 9～10 时相对较好。如果花药呈白色，花丝尚未伸长，即可供用。玉米雄穗上各朵小花成熟程度是不一致的，自上而下发育成熟。因此，可从不同部位花蕾中取花药，即可获得减数分裂各个时期的材料。

大麦花粉母细胞的减数分裂在孕穗后期抽穗以前的幼穗中完成，上午 7～9 时分裂最旺盛。采集大麦最后一片剑叶开始抽出的幼穗材料，剥开幼穗外的叶鞘，露出白色幼穗。如果幼穗内花药已呈黄色，则减数分裂早已完成。大麦同一幼穗各花朵内雄蕊的发育也是不一致的。可采集幼穗上、中、下各不同部位花朵内的花药进行制片观察。

将采集的材料立即投入 3∶1 乙醇冰醋酸混合的固定液中固定 1～24 h，然后采用 95%乙醇清洗后移入 70%乙醇中，4℃冰箱保存。

2. 用具

显微镜、镊子一把、解剖针二支、盖玻片二片、载玻片二片、酒精灯、吸水纸。

3. 药品及配制

固定液(冰醋酸乙醇固定液)：95%乙醇 3 份加冰醋酸 1 份(3∶1)。

醋酸洋红染液：配制方法参见实验 1。

【实验步骤】

1. 取材

玉米雄穗的主轴和分枝上成对排列的每个雄小穗有颖片包住两朵雄小花，每朵雄小花有内稃、外稃和 3 个雄蕊。从保存液中取出一段玉米幼穗(图 2-2)，蒸馏水洗去乙醇。由于在一朵花内无法观察到减数分裂的全过程，因此，可用镊子在一段玉米幼穗的不同部位选取 2～3 朵小花。

图 2-2　玉米部分幼穗

2. 分离花药

在清洁的载玻片上，用解剖针分开雄小穗颖片及小花的内稃和外稃，取出花药。

3. 染色及压出花粉母细胞

将花药移至清洁的载玻片中央，加 1 滴醋酸洋红染液[图 2-3(a)]。用解剖针将花药从中部剖开，撕破花药[图 2-3(b)]，然后用解剖针或镊子压出花药中的花粉母细胞。经充分染色后(5～10 min)用镊子除去花药壁组织及碎片。

4. 压片处理

盖上盖玻片。此时如染液偏少，要少量添加，防止产生气泡。但需注意染液不要太多，以免花粉母细胞逸出盖玻片边缘。

将载玻片在酒精灯火焰上迅速通过 4～5 次(图 2－4),使花粉母细胞自行散开。在盖玻片上盖上吸水纸,用大拇指均匀用力压一下。

通过火焰时注意不能使染液煮沸。压片时注意勿使盖玻片移动。

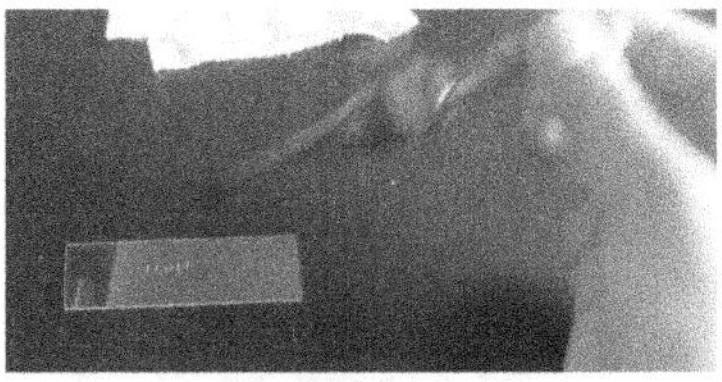

(a)

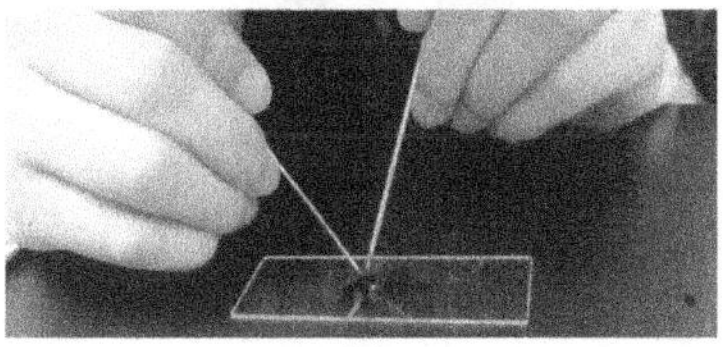

(b)

图 2－3　染色及压出花粉母细胞花药(a)在染液中被剖开(b)

图 2－4　玻片在酒精灯火焰上迅速过火

5. 显微镜观察玻片

先使用低倍镜(4×)寻找视野,再依次换中倍镜(10×)和高倍镜(40×)查找花粉母细胞、两分体细胞、四分体细胞、花粉粒及各个分裂时期的细胞。

如染色过深,可用 45%的醋酸褪色。如需做成永久片可经脱水透明,然后用加拿大树胶封片后长期保存。

在显微镜下观察玉米花粉母细胞,大多呈现为较大的长圆形,也有少量呈圆形,细胞壁薄,细胞边缘没有明显的棱角;而花药壁细胞一般呈长方形或方形,细胞边缘有明显的棱角[图 2－5(b)、彩图 1(b)]。

图 2－5(彩图 1)是在普通显微镜下比较容易观察到的玉米小孢子发育的各个时期。中期Ⅰ和中期Ⅱ细胞,染色体都排列在赤道板上,但中期Ⅱ阶段的两个子细胞(即两分体)一般都紧密挨在一起,细胞比例偏长,而且包裹在两个子细胞外的透明胼胝质壁是连在一起的。如花粉母细胞在载玻片上展开较好,还能够观察到纺锤丝[图 2－5(c)、彩图 1(c)]。

【问题与思考】

1. 减数分裂与有丝分裂有何区别?
2. 子代与亲代的差异是由哪一种细胞分裂方式造成的?
3. 减数分裂中,染色体减半是在哪个时期?
4. 如何操作才有可能实现在一张制片中能够观察到更多减数分裂的不同时期?

【作业】

1. 制作 2～3 张玉米花粉母细胞压片。
2. 在显微镜下观察压片,识别并记录观察到的各个时期。在第一和第二两次分裂时期中,各绘出两个阶段的细胞图。

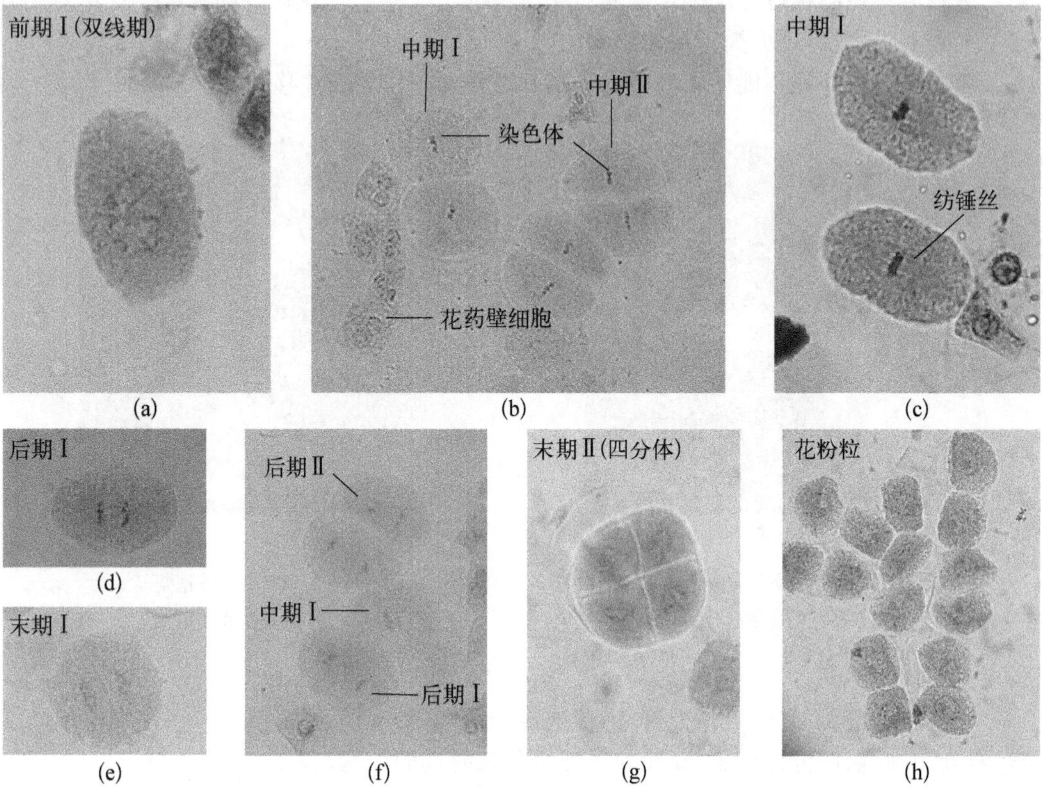

图 2-5　比较容易观察到的玉米小孢子发育的各个时期(40×)

实验 3　果蝇的培养与性状观察

【实验目的】

1. 掌握人工饲养果蝇的方法。

2. 了解果蝇的生活史以及雌雄鉴别方法。

【实验原理与预备知识】

果蝇（*Drosophila melanogaster*，$2n=8$）中文名为黑腹果蝇，属于节肢动物门，昆虫纲，双翅目，果蝇科，果蝇属。果蝇的生活史短，是遗传学研究中的经典材料。果蝇作为遗传学研究材料的优点：① 生活史短，20～25℃条件下由幼虫发育为成虫只需要 10～14 天（表 3－1）；② 繁殖率高，一对果蝇可产卵 400～500 个；③ 饲养方法简便；④ 突变率高，易得大量突变体；⑤ 形态容易辨认。

表 3－1　果蝇生活史长短与温度的关系

天数　温度 不同时期	10℃	15℃	20℃	25℃	30℃
幼虫	57	17.3	7.7	5.8	4.1
蛹	不能生活	13.7	6.3	4.2	3.4
成虫	120.5	92.4	40.2	28.5	13.6

果蝇的生活史与一般昆虫相同，经历卵→幼虫→蛹→成虫四个阶段，每个阶段的持续时间随着温度的不同而不同。

从表 3－1 可以看出，果蝇由幼虫发育为成虫的时间在 25℃时约为 10 天，20℃时约为 15 天，低温将使果蝇的生活周期延长，生活力降低，但 30℃以上的连续高温会使果蝇不孕和死亡。果蝇培养的最适温度为 20～25℃，应注意酵母发酵会产生热量，使培养瓶内温度略高于瓶外（培养室）。

卵：果蝇卵背面较后端圆，腹部略扁，外围是一层由细胞组成的呈六角形小格的包膜——卵壳，背面的前端伸出一对触丝，使产在柔软食物上的卵不致下沉。当卵经过子宫时，精子由卵前端的锥形突出部小孔或卵孔进入。虽然能进入卵中的精子很多，但正常情况下只有一个精子发生受精作用，其余的精子在交配时被雌体储藏起来。

幼虫期：从卵中孵化出的幼虫要经过两次蜕皮。幼虫包括三个阶段（龄），最后一个阶段或第三龄幼虫长约 4.5 mm。幼虫性别容易区别，因雄性幼虫的睾丸要比雌性幼虫的卵巢大得多，透过透明的体壁可以看到较大的睾丸或并不显著的卵巢。

蛹化：化蛹时，幼虫从培养基中爬出，附在较干燥的瓶壁表面（图 3－1）。化蛹过程在末龄幼虫的皮中进行，开始时软而色浅，后渐硬化且颜色变深（图 3－1），最终发育成有成虫体形的个体，从蛹壳的前端挤出。

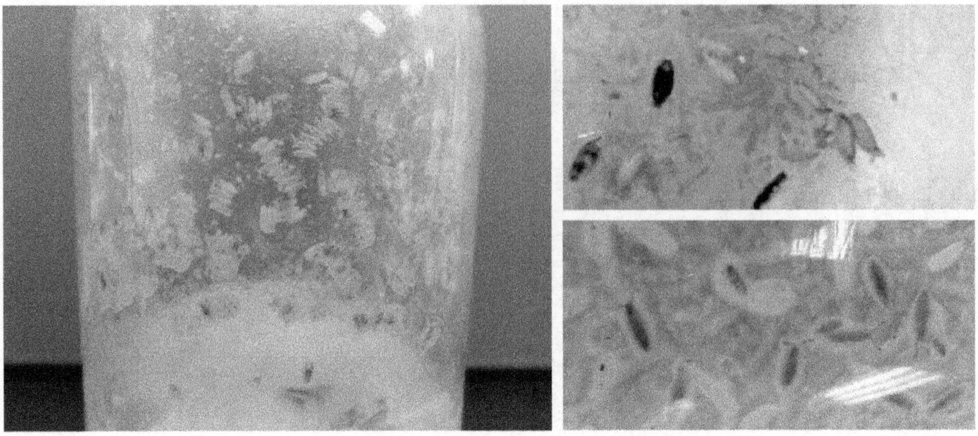

图 3－1　果蝇蛹化(不同发育时期的蛹颜色深浅不同)

【实验用品】

1. 材料

果蝇成虫。

2. 用具

体视镜(又称解剖镜)、广口瓶、麻醉瓶、解剖针、标签、天平、量筒、棉花、纱布、滤纸片、烧杯、玻璃棒、酒精灯、三脚架、石棉网。

3. 药品

琼脂、蔗糖、玉米粉(小麦粉)、酵母、乙酸、乙醚。

【实验步骤】

1. 果蝇培养容器的准备

果蝇培养的容器可采用无色透明的广口瓶(也可用大指管),经清洗后,倒置晾干。用纱布包裹普通棉花(非脱脂棉)制成与瓶口大小相等的瓶塞,瓶塞也可用海绵制作,或使用透明塑料纸制成的透气膜。果蝇培养容器制作完毕后与剪成小块的滤纸片一起进行高压蒸汽灭菌。

2. 果蝇培养基的配制

果蝇在水果摊或果园里常可见到,成熟的水果如葡萄、香蕉等,特别是成熟过度开始发酵的水果,常会招致大量果蝇,但它们不是以水果,而是以发酵果实上的酵母为生。因此,在实验室可以用一些发酵的基质作为果蝇的饲料。果蝇培养基种类很多,本实验采用的是玉米粉培养基(龚慧明,2007)和小麦粉培养基(陈综礼与延志莲,1994),具体配方在文献报道的基础上略有改动,见表 3－2。

表 3－2　果蝇培养基配方

培养基种类＼配方	水/mL	琼脂/g	蔗糖/g	小麦粉/g	玉米粉/g	乙酸/mL	酵母液
玉米粉培养基	750	10	80	—	100	5	数滴
小麦粉培养基	100	1.5	10	7	—	0.5	数滴

玉米粉培养基的配制方法：先将琼脂粉放入含 600 mL 水的烧杯中煮沸，将玉米粉用 150 mL 水调成糊状，待琼脂溶解后加入，最后加蔗糖，充分搅拌煮沸数分钟。为防止霉菌生长，可滴入 5 mL 乙酸，并搅拌均匀。

小麦粉培养基的配制方法：先将琼脂粉放入含 80 mL 水的烧杯中煮沸，将小麦粉用 20 mL 水调成糊状，待琼脂溶解后加入，最后加蔗糖，充分搅拌煮沸数分钟。为防止霉菌生长，可滴入 0.5 mL 的乙酸，并搅拌均匀。

将配制好的培养基，立即倒入灭菌后的容器(烧杯)中，并分装到培养瓶中，瓶中培养基高度为 2～2.5 cm，如图 3-2 所示。待培养基完全冷却后滴数滴酵母液(培养基装瓶时要防止培养基黏附在瓶口上，以免造成污染)。

在培养基上插入用灭菌过的小块滤纸做成的小酒杯，供幼虫化蛹(此步骤也可以省略)。将装有培养基的培养瓶在 25℃条件下放置 12 h，如无菌产生，即可将果蝇原种引入进行培养。每瓶引入雌雄果蝇成虫 5～6 对。在将果蝇成虫引入培养瓶之前，如发现培养瓶壁上有水珠，一定要用吸水纸吸去，以防弄湿果蝇翅膀造成死亡。

将已引入雌雄果蝇的培养瓶放置在 20～25℃的光照培养箱中，15～20 天后，便可进行雌雄果蝇性状观察。

3. 果蝇麻醉

果蝇引种培养或进行杂交实验前都要鉴别雌雄，这需要在果蝇麻醉后进行。

果蝇麻醉常用乙醚作为麻醉剂。方法：将果蝇培养瓶放置在桌面上保持静止，小心打开瓶盖，然后将果蝇麻醉瓶(图 3-3)的喇叭口倒置对准果蝇培养瓶瓶口；将果蝇麻醉瓶和培养瓶颠倒 180°，拍打培养瓶的底部，将果蝇转移至麻醉瓶中，并迅速用纱布和棉花制成的塞子塞住麻醉瓶的喇叭口；接着将乙醚滴加在麻醉瓶侧面的脱脂棉中(图 3-3)，对果蝇进行麻醉。

图 3-2　果蝇玉米培养基

图 3-3　果蝇麻醉瓶

如果没有现成的麻醉瓶，也可自制。取与果蝇培养瓶瓶口一样大的广口瓶一只，在软木塞的前方安置一个螺丝钉，用线将脱脂棉缠绕于钉上，即可制成麻醉瓶。将果蝇引入自制麻醉瓶后，用乙醚湿润脱脂棉，盖在麻醉瓶口，果蝇即被麻醉。

在拍打培养瓶的底部以便将果蝇转移至麻醉瓶中时，一定要避免培养基跌入麻醉瓶中。

引种培养的果蝇以轻度麻醉为宜，当看到瓶内果蝇全部跌落于瓶底不动，麻醉即告完成，此时果蝇的翅膀是收紧的。长时间的麻醉会使果蝇死亡，果蝇翅膀外展 45℃表明麻醉过度已死亡。

4. 果蝇雌雄性状观察

将麻醉后的果蝇倒在解剖镜的白瓷板上，在解剖镜下观察，鉴别雌雄果蝇。雌雄果蝇可通过如下 5 个方面进行鉴别。

体型： 雌果蝇体型较大，雄果蝇体型较小(图 3－4)。

腹部末端： 雌果蝇腹部椭圆，末端稍尖；雄果蝇腹部末端钝圆。

腹部背面： 雌果蝇有 5 条明显的黑色条纹，雄果蝇有 3 条，前两条细，后一条宽，延至腹面。肉眼观察其腹部末端呈一明显黑点为雄性(图 3－5、彩图 2)。

腹部腹面： 雌果蝇有 6 个明显的腹片，雄果蝇只有 4 个腹片。

性梳： 雄果蝇在第一对足的跗足前端表面有一黑色鬃毛——性梳，雌果蝇无性梳(图 3－5)。

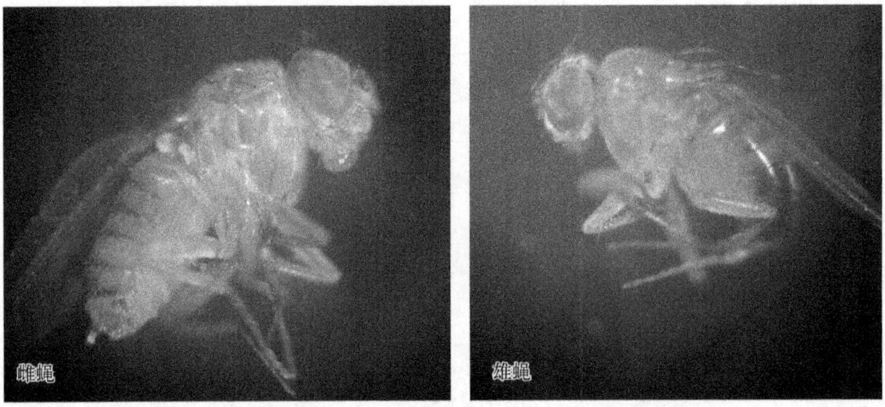

图 3－4　果蝇成虫

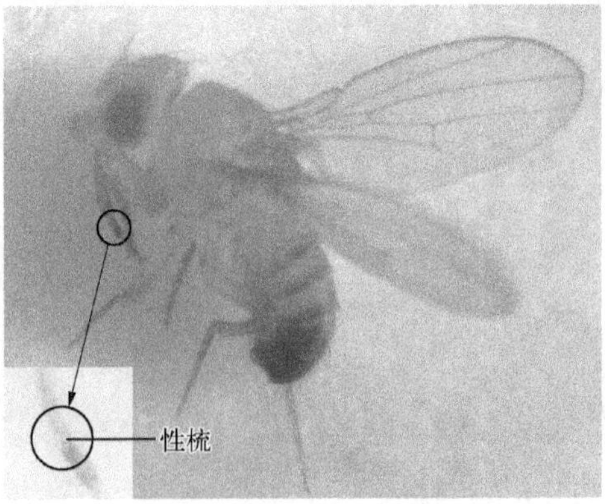

图 3－5　雄果蝇前足性梳(左下角显示放大的性梳)

【问题与思考】

1. 果蝇作为一种遗传学模式生物具有哪些优点？
2. 如何判断麻醉是否过度而导致果蝇死亡？

【作业】

1. 简述果蝇的生活史和饲养方法。
2. 列表说明观察到的黑腹果蝇野生型成虫的雌雄性状差异。

实验4　分离规律实验

【实验目的】

1. 验证遗传传递的分离规律。

2. 初步学会运用生物统计学 χ^2 方法测定杂种一代(F_1)配子分离的实际比例与理论预期比例符合的程度。

【实验原理与预备知识】

在杂交育种中，当相对性状有差异的材料进行杂交时，杂种后代会表现出性状分离现象。分离现象是有规律的，其实质是：杂种细胞减数分裂形成配子时，等位基因将随着减数分裂时染色体的减半作用而彼此分离。

减数分裂形成配子时等位基因的分离现象，有时在配子中就能表现。如粳稻(或粳玉米)花粉内含直链淀粉，以碘染色时呈现深蓝色，糯稻(或糯玉米)花粉内含支链淀粉，以碘染色时呈现红棕色。而粳糯杂交一代(F_1)的花粉中既含粳稻(或粳玉米)花粉，又含糯稻(或糯玉米)花粉，因此可出现两种不同颜色的碘染色花粉粒。

杂种配子在理论上的分离比应为 1∶1，但在取样分析时，实际结果会受到概率的影响，常与理论值不完全一样。遗传学上通常采用 χ^2(读作“卡方”)测定法来判断实际比例与理论预期比例符合的程度。χ^2测定的公式如下。

$$\chi^2 = \sum\frac{(O-E)^2}{E}$$

公式中 O 是实际值，E 是理论值，$\sum$(读作 Sigma)是总和。实际值 O 与理论值 E 越靠近，χ^2 值就越小，反之 χ^2 则越大。当 χ^2 值等于 0 时，表示实际值与理论值完全符合。由于概率的影响，χ^2 值会在一定范围内变动。在统计学上将 χ^2 值用相应的概率(P)来表示，制成不同 P 值的表。如果与 χ^2 值相当的 P 值小于 0.05，即抽样误差的概率小于 0.05，也就是说实际与理论有显著的差异；如果与 χ^2 值相当的 P 值小于 0.01，就是说实际与理论有极显著的差异。因此，我们就可以认为实际与理论不符，不能用概率来解释，而应找寻其他原因。

与 χ^2 值相当的 P 值，还跟分离的类型有关。分离的类型数增多，各组偏离理论值的总和愈大，χ^2 值也随之增大，与 $P=0.05$ 或 $P=0.01$ 相当的 χ^2 值也愈大。如在 1∶1 或 3∶1 的场合下，自由度是 1，在 1∶2∶1 的场合下，自由度是 2，在 9∶3∶3∶1 中自由度是 3。因此，可根据自由度的不同查 χ^2 表，即可判断实际值与理论值符合的程度。

【实验用品】

1. 植物材料

粳稻扬花期稻穗(或粳玉米雄花序)、糯稻扬花期稻穗(或糯玉米雄花序)、粳糯杂种 F_1 扬花期稻穗(或粳糯杂种 F_1 玉米雄花序)。

取材处理：以上材料可于水稻扬花期(或玉米雄花序抽出后)上午 9:00 点前采集。如需长期保存可先进行固定(冰醋酸∶95%乙醇=1∶3)和 95%乙醇清洗后，浸入 75%乙醇保存液中，放置于 4℃冰箱，用时取出。

2. 用具

显微镜、镊子一把、解剖针两支、载玻片三片、盖玻片三片、吸水纸。

3. 药品及配制

碘-碘化钾溶液：称取碘化钾 2 g，溶于 5～10 mL 蒸馏水，加 1 g 碘，待全部溶解后加蒸馏水 300 mL 即成。此溶液需存储于棕色瓶中，避光保存。

【实验步骤】

1. 取材

从保存液中取出稻穗(图 4-1)，取一朵小花，用解剖针撕碎或用指甲拉开内外颖(图 4-2)，用镊子取出花药。

2. 制片

将花药(图 4-3)放在清洁的载玻片中央，加 1 滴碘-碘化钾溶液，用解剖针将花药从中部撕破，压出其中的花粉，或直接用镊子反复夹捏花药(图 4-4)，释放出其中的花粉粒。去除残渣，盖上盖玻片，让花粉粒铺平散开。

图 4-1　水稻穗

图 4-2　水稻小花

图 4-3　水稻花药

图 4-4　释放花粉粒

3. 显微镜观察

从粳稻上取下的小花制成的压片，在显微镜下观察可以看到花粉粒均为深蓝色(图 4-5、彩图 4)。

从糯稻上取下的小花制成的压片，在显微镜下观察可以看到花粉粒均为红棕色(图 4-6、彩图 5)。

从粳糯杂交 F_1 水稻上取下的小花制成的压片，在显微镜下观察可以看到粳性花粉粒和糯性花粉粒的分离，即一部分花粉粒被染成深蓝色，一部分被染成红棕色(图 4-7、彩图 3)。

在适当放大倍数的视野中，对粳性花粉粒和糯性花粉粒作出准确的记数，不同视野下重复记录三次实际观察到的两种花粉粒的数量。

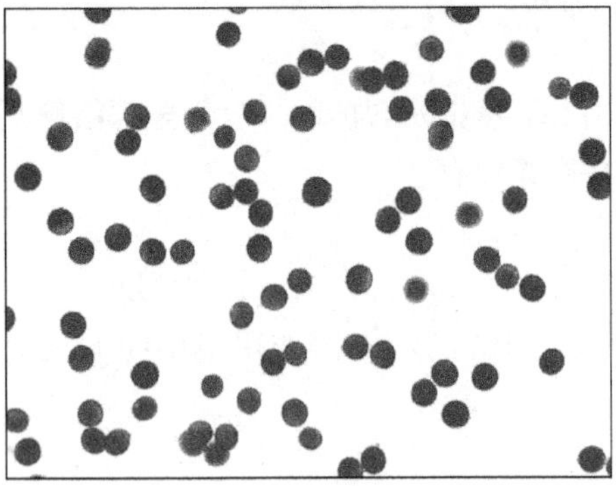

图 4-5　粳稻花粉粒

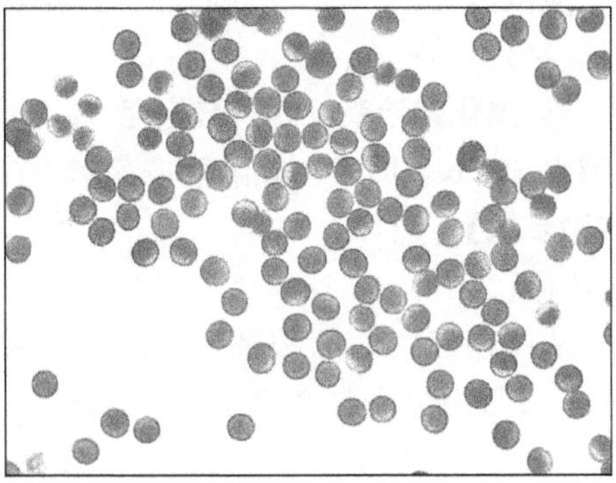

图 4-6　糯稻花粉粒

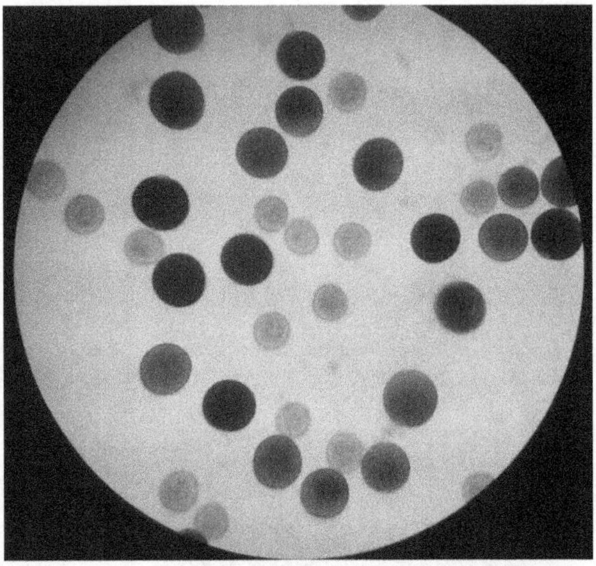

图 4-7　粳糯杂交水稻 F_1 花粉粒(40×)

浅色为没有发育好的花粉粒

例如，在一个视野中有 58 个花粉粒，其中被染成深蓝色的有 33 粒，红棕色的有 25 粒，按照理论比率 1∶1，粳性和糯性花粉应各为 29 粒，将以上数值代入公式计算 χ^2 值。

$$\chi^2=\sum\frac{(O-E)^2}{E}=\frac{(33-29)^2}{29}+\frac{(25-29)^2}{29}=\frac{(4)^2}{29}+\frac{(-4)^2}{29}=\frac{32}{29}=1.10$$

查 χ^2 表(表 4-1)，当 $\chi^2=1.10$，自由度 $=2-1=1$ 时，P 值在 0.30 与 0.20 之间，由此可见实际值与理论值的差异不显著。

表 4-1　χ^2 表

自由度	P=0.99	0.95	0.80	0.70	0.50	0.30	0.20	0.05	0.01
1	0.000	0.003	0.064	0.148	0.455	1.074	1.642	3.841	6.635
2	0.020	0.103	0.446	0.713	1.386	2.408	3.219	5.991	9.210
3	0.115	0.352	1.005	1.424	2.366	3.665	4.642	7.815	11.345
4	0.297	0.711	1.649	2.195	3.357	4.878	5.989	9.488	13.277
5	0.554	1.145	2.342	3.000	4.351	6.064	7.289	11.070	15.086
6	0.872	1.635	3.070	3.828	5.348	7.231	8.558	12.592	16.812
7	1.239	2.167	3.822	4.671	6.346	8.883	9.803	14.067	18.475
8	1.646	2.733	4.594	5.527	7.344	9.524	11.030	15.507	20.090
9	2.088	3.325	5.380	6.393	8.343	10.656	12.242	16.919	21.666
10	2.558	3.940	6.179	7.267	9.342	11.761	13.442	18.307	23.209

【问题与思考】

1. 在一个观察视野中，如果计数到的花粉粒数量较少，会对 χ^2 测定结果产生影响吗？

2. 为什么需要在上午 9:00 点前采集扬花期的稻穗？

【作业】

1. 将三次所得实际值，χ^2 值和 P 值填入表 4-2 中。

表 4-2　粳糯杂种 F_1 花粉的分离

观察次数	花粉总数	粳性花粉				糯性花粉				χ^2值	P值
		实际值 (O)	理论值 (E)	偏差 ($O-E$)	$\frac{(O-E)^2}{E}$	实际数 (O)	理论数 (C)	偏差	$\frac{(O-E)^2}{E}$		
1											
2											
3											
总计											
结论											

2. 用 χ^2 测定法检验所得的结果，作出分离比率是否与理论相符合的结论。

实验 5　人类染色体组型分析

【实验目的】

了解和掌握根据染色体形态进行组型分析的方法，为细胞遗传学研究奠定基础。

【实验原理与预备知识】

不同生物体都具有一定数目、一定形态结构的染色体。二倍体生物配子中所含的染色体数称为一个染色体组，常以“*X*”表示。一个染色体组所包含的染色体在不同的物种中是不同的。同一生物细胞内同一染色体组的各个染色体，在形态、结构和连锁群上都彼此不同，它们互相协调，缺一不可，共同控制性状的遗传和变异。

将某一生物个体或某一分类单位（亚种、种等）的体细胞染色体，按一定特征排列起来的图像进行分析的方法，称为染色体组型分析，又叫核型分析。染色体的特征以有丝分裂中期最为显著，所以一般都采用中期分裂相的染色体进行染色体组型分析。

染色体组型分析一般操作步骤主要包括：在通过染色体制片技术获得清晰染色体标本制片的基础上，利用显微摄影（或显微测量），放大照片（图 5－1），然后将一个细胞内的所有染色体逐一测量，根据测得的数据按染色体的长度、形态等标准，依次排列编号，并将同源染色体配对，制成染色体组型图。

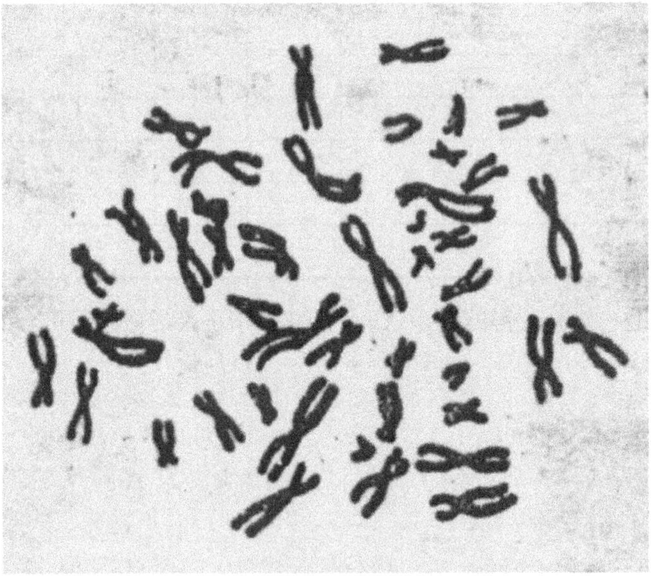

图 5－1　正常人染色体放大照片

染色体组型分析至少有下列几项标准。

染色体绝对长度：即一条染色体从一端到另一端的长度，以微米（μm）为计量单位。

染色体相对长度：（某条染色体的绝对长度/一个染色体组染色体的总长度）×100%。

次缢痕：除着丝粒以外，在染色体上另一不着色的狭窄区域。次缢痕的有无，是识别染色体个性的重要指标。

随体：染色体末端的一球状或棒状小体；随体的有无，大小和形态也是识别染色体个性的重要指标。

长臂(q)和短臂(p)的长度：染色体着丝粒的两侧称为染色体臂。如两臂长短不等则分别称为长臂和短臂。

臂率：臂率(臂比值)＝长臂长度/短臂长度。

着丝粒定位：每对染色体上着丝粒的位置是不一样的，依据臂的相对长度、臂率，可将染色体分为四类，如表5－1所示。

表5－1　染色体类型

染色体类型	臂　率	代表符号
中部着丝粒染色体	1.0～1.70	M
近中部着丝粒染色体	1.71～3.0	SM
近端着丝粒染色体	3.1～7.0	ST
端部着丝粒染色体	7.0以上	T

自20世纪70年代以来，随着染色体分带技术的发展，精确鉴别每条染色体成为可能。如典型的人类染色体高分辨率显带分析可以显示高达850条带纹(Strachan and Read, 2004)，从而可以更精确地确定染色体数目和结构变异，为染色体组型的准确分析提供了有力的工具。图5－2就是结合分带技术制成的患唐氏综合征男性的染色体组型，显示21号染色体为三体(47,XY,＋21)。图5－3是结合分带技术制成的猫叫综合征男性患者的染色体组型，显示5号染色体短臂缺失(46,XY,del 5p－)。

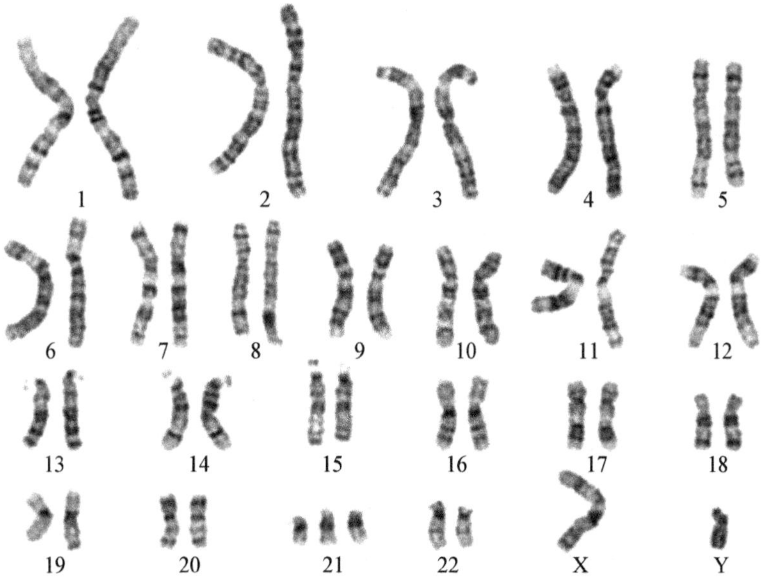

图5－2　患唐氏综合征男性的染色体组型(Russell,2002)

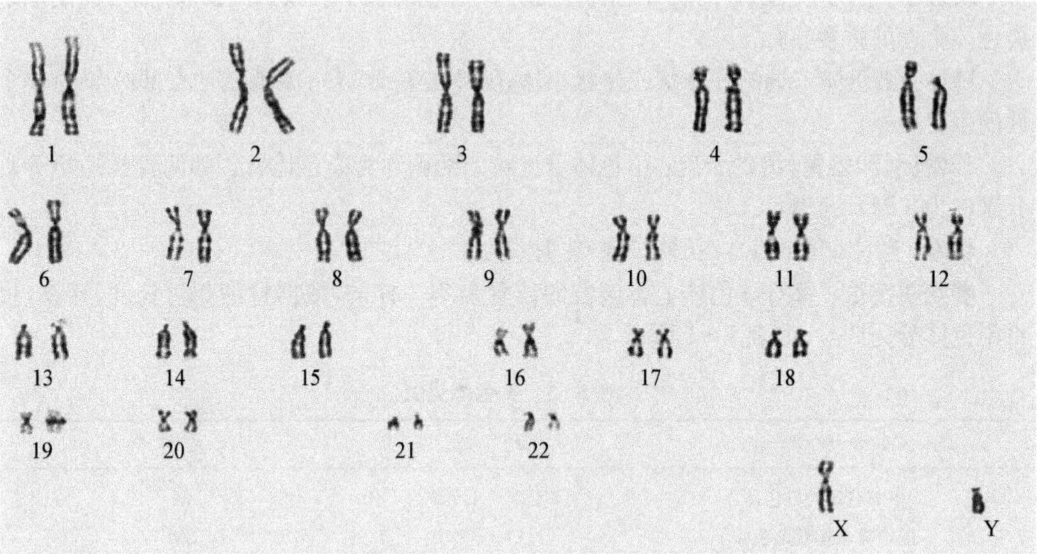

图 5-3　患猫叫综合征男性的染色体组型(Russell,2002)

染色体组型分析是细胞遗传学研究中的基本方法,对于探讨动植物起源、物种间亲缘关系、鉴定远缘杂种以及生物染色体数目和结构变异的分析等方面都有重要意义。

【实验用品】

1. 材料

人类体细胞染色体标本玻片、放大的染色体标本照片。

2. 用具

显微镜、显微照相和冲洗放大的全套设备、胶卷显影液、定影液、相纸显影液、定影液、目镜测微尺、计算器、毫米尺、剪刀、镊子、铅笔、绘图纸、胶水等。

【实验步骤】

本实验介绍二倍体细胞有丝分裂中期染色体组型分析的方法。

1. 染色体玻片标本的镜检和染色体计数

在显微镜下观察体细胞染色体玻片标本,先在低倍镜下找到合适的图像。选择染色体分散、不重叠、随体和着丝粒处不断裂,数目完整的细胞,然后在油镜下进行染色体观察和计数,通常要统计 30～50 个染色体分散良好的细胞,才能确定该物种体细胞染色体的确切数目。

2. 形态特点的记录和测量

在显微镜下调整好测微尺,选择 5～10 个细胞中染色体分散良好的材料,逐一观察测量并记录形态特点。如显微镜下测量和观察有困难,可进行显微摄影,放大染色体形态清晰的照片,再采用染色体形态分析的各项指标进行分析。

3. 显微照相,冲洗和放大照片

选择细胞内每条染色体处于同一平面,着色鲜明,形态清晰,染色体分散好,无重叠,收缩适中,着丝粒明显的分裂相细胞进行显微摄影,放大成染色体形态清晰的照片 3～5 张。

4. 染色体测量和形态记录

用毫米尺测量照片中每条染色体的实际长度，放大倍数的计算可按下列公式：

$$放大倍数=\frac{放大照片上的某染色体的照相长度(\mu m)}{目镜测镜尺测定的实际长度(\mu m)}$$

将每对染色体按总长度从大到小排列，计算出染色体的相对长度、臂率、染色体总长度及变异范围。再把着丝粒位置，随体等列成表格。

5. 同源染色体配对

根据染色体的相对长度、臂率、次缢痕的有无，随体的有无、形状的大小等特征将从照片上剪下的染色体进行同源染色体配对。长度和形态结构相同的两条染色体配成一对。

6. 排列、分类与分组

按照染色体的相对长度，由长至短依次排列。每条染色体的着丝粒位置需在同一平行线上。每对同源染色体配成后，分别粘在白纸上，染色体短臂向上，长臂向下，具有随体或其他特殊标记的染色体可特殊排列。每对性染色体单独另排。将同源染色体依长短次序排列编号，用“1，2，3，…”数字编号表示；也可将形态大小相似，着丝粒位置相近的染色体归于一组，用“A，B，C，…”或用“a，b，c，…”字母表示。

7. 翻拍及绘图

剪贴排好的染色体组型图，可以进行翻拍制成染色组型分布图。在图的下面注明材料名称、染色体总数、染色体组型和染色体基数等。

【问题与思考】

1. 进行染色体组型分析有何意义？
2. 在观察人类染色体制片时，如果几次计数不一致，是否可以取平均数？

【作业】

1. 剪贴男性、女性核型各一套。
2. 测量和记录染色体的各项数据，写入下列表格中。

染色体编号	绝对长度	相对长度	长臂长度	短臂长度	着丝粒位置	随　体	备　注
总长度							

实验 6　巴氏小体的制备与观察

【实验目的】

掌握巴氏小体的形态特征及其所在部位，为进一步研究人体染色体的畸变与疾病提供帮助。

【实验原理与预备知识】

1949 年，加拿大学者 Barr 和 Rertarm 在观察一些雌猫的间期神经原细胞中，发现在核膜内缘有一个染色较深的近似三角形的浓缩小体，而在雄猫中则没有这种结构。因此，他们推测这小体可能和雌猫性别有关。1955 年，Barr 和 Moore 采用口腔黏膜刮片的方法，发现女性口腔上皮细胞核膜内缘也有同样的小体紧贴在核膜上，而男性却没有。这进一步证明了这个染色较深的小体与性别有关。人们把这个染色较深的小体称为性染色质。因 Barr 第一个发现，所以又称巴氏小体。

1959 年人们又发现性染色体异常会造成性别畸形。此后，巴氏小体的理论研究就跟临床实践结合，用于诊断性染色体异常引起的遗传疾病。随后的研究结果表明，巴氏小体实际上是一个异染色质化的失活的 X 染色体。1971 年巴黎会议正式命名它为 X 染色质。

细胞中巴氏小体的个数＝X 染色体个数－1。在正常的男性细胞中只有一个 X 染色体。因此，正常男性细胞中没有巴氏小体。在正常的女性细胞中有两个 X 染色体，其中一个正常，另一个异染色质化。因此，在正常的女性细胞中可见到一个巴氏小体。在性染色体异常的女性细胞（XO 除外）中，患者的细胞核膜内缘可见到一个或一个以上巴氏小体。因此，通过检查巴氏小体就可鉴别胎儿的性别和诊断因性染色体数量异常而引起的遗传疾病。

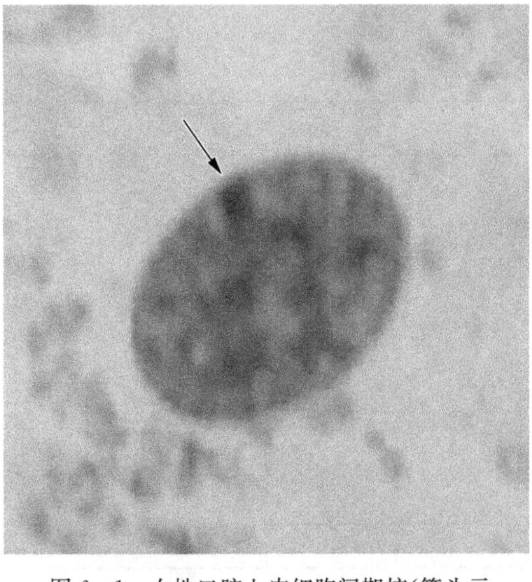

图 6－1　女性口腔上皮细胞间期核（箭头示巴氏小体）

巴氏小体仅在间期细胞的核内出现，女性口腔黏膜细胞或羊水细胞都是观察巴氏小体的好材料。但是，口腔黏膜细胞取材更方便，制片时间也较短，核膜内边缘的巴氏小体也较羊水细胞清楚。巴氏小体经硫堇染色后成深蓝色，附着于核膜内侧边缘，近半圆形或三角形或长方形，大小约为 1 μm（图 6－1）。

正常女性巴氏小体百分率范围为 13％～39％，平均百分率为 25％±14％，正常男性为 0～1％。

【实验用品】

1. 材料

口腔颊部黏膜细胞。

2. 用具

显微镜、牙签、压舌板、载玻片、盖玻片、漱口杯。

3. 药品及配制

固定液：0.25%乙醇∶乙醚＝1∶1。

0.25%火棉胶乙醇乙醚溶液：5%火棉胶，5 mL；100%乙醇，47.5 mL；100%乙醚，47.5 mL。

硫堇染色液原液：称取硫堇 1.0 g，溶解于 100 mL 50%乙醇后过滤保存，备用。

硫堇染色液缓冲液：醋酸钠（$NaAc \cdot 3H_2O$），9.714 g 巴比妥钠：14.714 g；加蒸馏水到 500 mL。

硫堇染色液工作液：0.1 mol/L HCl，32 mL；缓冲液，28 mL；硫堇原液，40 mL。

70%乙醇：取无水乙醇 700 mL，加蒸馏水 300 mL 后混匀。

50%乙醇：取无水乙醇 500 mL，加蒸馏水 500 mL 后混匀。

【实验步骤】

1. 取材和固定

先用水将口腔漱干净，尽可能除去杂物，然后用无菌的木质（或金属）压舌板或牙签刮取口腔颊面黏膜，均匀地涂在干净的载玻片上，反复几次，使载玻片上的材料尽量厚些。涂片后立即将载玻片插入装有固定液的器皿（如染色缸）中固定（固定至少 1.5 h，如有时间，可固定 48 h 以上）。注意固定前不要让材料在空气中干燥，否则会导致细胞变形。

2. 制片

按照如下顺序依次进行操作。

(1) 经固定的涂片放入 100%乙醇中 1～3 min。

(2) 移入 0.25%火棉胶乙醇乙醚溶液中，放置 15～20 s。

(3) 在空气中干燥 15 s。

(4) 70%乙醇 1～3 min。

(5) 50%乙醇 1～3 min。

(6) 蒸馏水冲洗 2 次，共 5 min。

(7) 水解：1 mol/L HCl 56℃ 5 min。

(8) 流水冲洗两遍后甩干。

(9) 硫堇染色液染色 10～20 min。

(10) 流水冲洗，空气干燥。

3. 显微镜观察

先使用低倍镜（4×）寻找具有口腔上皮细胞的视野，再依次换中倍镜（10×）和高倍镜（40×）进行观察。硫堇染色液一般只能使细胞核着色（图 6－2、彩图 6）。

高倍镜下无法看清位于细胞核膜内缘的巴氏小体。可在高倍镜下调好焦距后，在玻片上滴加香柏油，再使用油镜（100×）观察巴氏小体（图 6－3、彩图 7）。

想要看清巴氏小体，硫堇染色液染色的程度非常重要，过深或过浅都不利于巴氏小体的观察。在使用显微镜观察时，如发现玻片染色过深可在95%乙醇中脱色30 s，如染色不够深，可再用硫堇染色液进行复染。

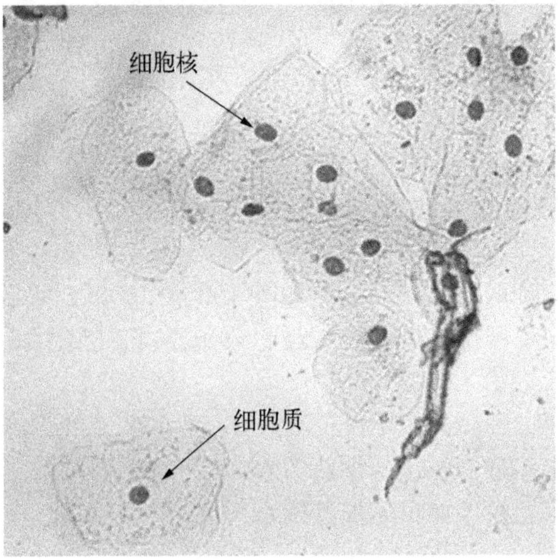

图6-2　女性口腔上皮细胞(40×)

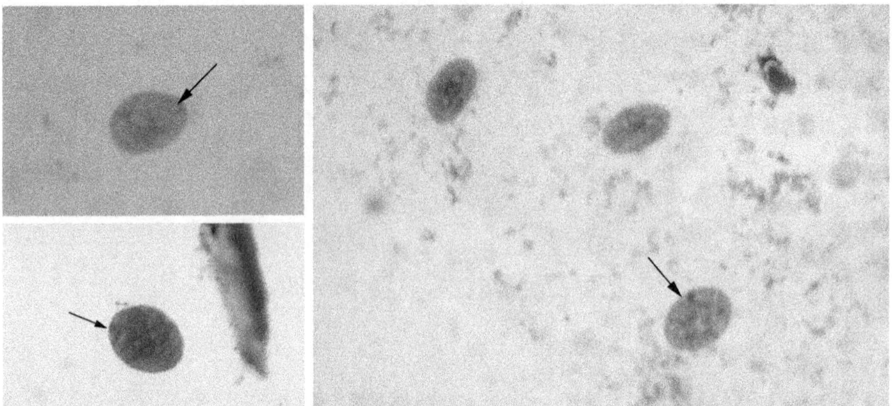

图6-3　女性口腔上皮细胞(100×，箭头示巴氏小体)

【问题与思考】

1. 为什么正常男女之间的X染色质存在差异？女性两条X染色体上的每个基因座的两个等位基因所形成的产物，为什么不比只有一条X染色体男性的相应基因产物多？

2. 巴氏小体分析技术在人类细胞生物学和遗传学工作中有什么用途？

【作业】

1. 观察100个核膜完整且细胞与细胞之间不重叠的细胞，计算含有巴氏小体的细胞所占的百分数。

2. 在观察过程中选绘1～2个典型细胞，示明巴氏小体的形态和部位。

实验 7　小鼠骨髓细胞染色体制片法

【实验目的】

1. 了解哺乳动物染色体玻片标本的制作方法。

2. 观察小鼠染色体的形态特征，并对小鼠体细胞染色体进行计数。

【实验原理与预备知识】

在细胞遗传学研究中，染色体玻片标本的制作是一项非常重要的实验技术。掌握哺乳动物染色体玻片标本制作的实验技术，可为进一步开展动物染色体组型分析、人类染色体异常的疾病诊断、动物细胞原位杂交等研究奠定重要的基础。

染色体只有在分裂的细胞中才清晰可见。本实验采用了小鼠四肢内的骨髓细胞，这是因为骨髓细胞内的造血干细胞是生成各种血细胞的原始细胞，具有高度的分裂能力。因此，采用骨髓细胞制片就有可能在显微镜下观察到各种有丝分裂相的细胞。

秋水仙素能够抑制分裂细胞中纺锤丝的形成。为了更多地观察到中期相细胞，以便于对小鼠体细胞中的染色体进行计数，在对小鼠骨髓细胞进行取材之前，需要对实验小鼠进行秋水仙素注射。

小鼠骨髓细胞染色体玻片标本的制作方法，具有取材简单、不用灭菌杀毒、易于掌握等优点，且不需要特殊的细胞培养设备，在一般实验室条件下均可进行。在检测环境诱变方面优于体外实验，更能反映完整机体受环境影响所造成受损的程度。

【实验用品】

1. 材料

实验小鼠(图 7-1)。

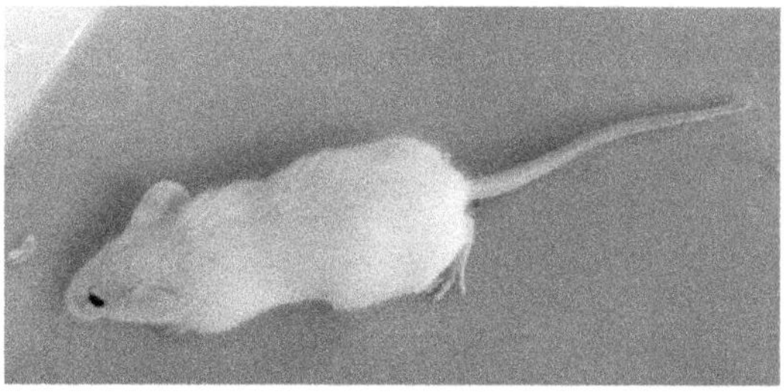

图 7-1　实验小鼠

2. 用具

1 mL 的注射器、骨钳、离心机、离心管、大小烧杯、滴管、恒温箱。

3. 药品及配制

0.1%秋水仙素：称取 100 mg 秋水仙素，溶解于 1 000 mL 0.85%的 NaCl 溶液中，即制成 0.1%秋水仙素溶液。

0.85% NaCl 溶液：称取 8.5 g NaCl，溶于 1 000 mL 的双蒸馏水中。

0.075mol/L KCl 溶液：称取 5.591 g KCl 溶于 1 000 mL 的双蒸馏水中。

pH6.8 的磷酸缓冲液：称取 6.97 g Na_2HPO_4和 6.73 g 的 NaH_2PO_4，溶解于 1 000 mL 的双蒸馏水中。

Giemsa 原液：称取 0.5 g Giemsa 粉末，加 33 mL 甘油(先滴几滴，再分数次滴入)，在研钵中慢慢充分研碎，于 56℃中保温 90 min，再加 33 mL 100%甲醇，过滤后，放入棕色瓶中保存。

固定液：冰醋酸∶甲醇＝1∶3。

【实验步骤】

1. 预处理及取材

按小鼠体重，每25 g皮下(腹腔部位)注射0.1 mL浓度为0.1%的秋水仙素溶液(注意针头不要刺到内脏)。

2. 取股骨

用秋水仙素溶液注射4 h后，将小鼠放在托盘中处死。处死小鼠的方法可采用颈椎脱臼法。这是对大、小鼠最常用的处死方法。用拇指和食指用力往下按住小鼠头部，另一只手抓住小鼠尾巴基部，向后上方用力一拉(图7-2)，使之颈椎脱臼，造成脊髓与脑髓断离，小鼠立即死亡。

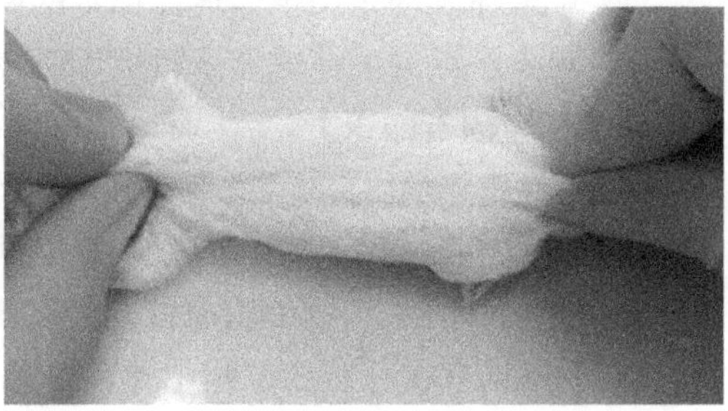

图7-2　颈椎脱臼法处死小鼠

将小鼠腹部向上，用小剪刀剪开腹部毛皮(注意尽量不要剪开腹腔)，并向两端拉开，取出具有股骨的腿部(图7-3)。用手指触摸与股骨两端连接的关节，并用剪刀剪开。

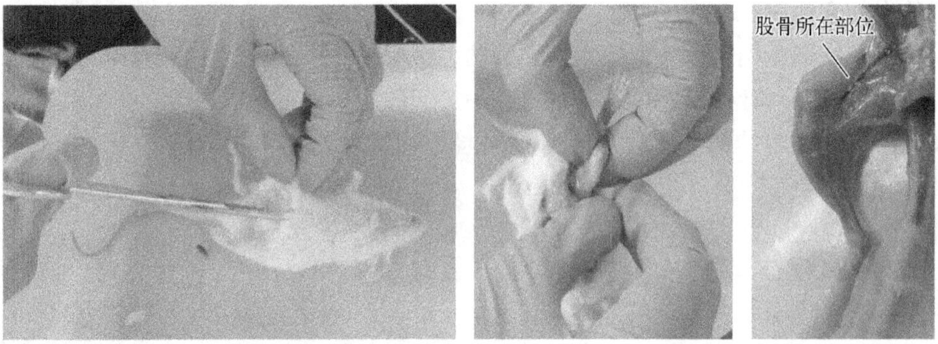

图7-3　取出股骨

将两根股骨周围的肌肉先用小剪刀剪去，小心剥去端部的关节软骨等组织，再用纱布反复擦拭，将股骨表面以及关节窝中的各种组织都剔除干净(图7-4)。

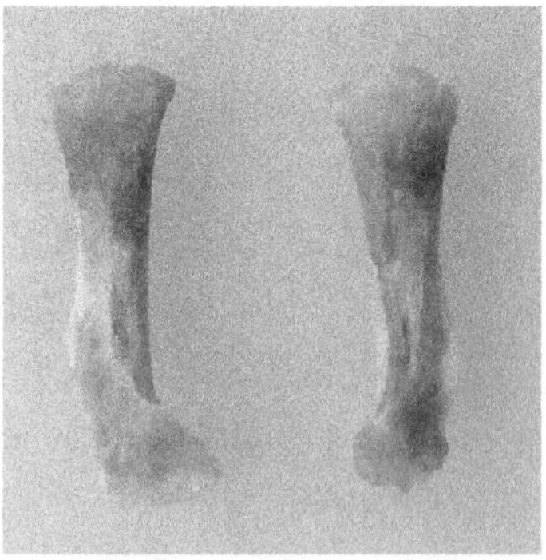

图7-4　小鼠股骨

3. 分离骨髓细胞

将两根股骨浸入盛有5 mL 0.85% NaCl溶液的小烧杯中；用骨钳将股骨压碎洗出骨髓细胞(图7-5)。在此过程中，烧杯中的溶液逐渐呈现粉红色。待烧杯中的溶液自然沉降(静置5 min)后吸出上清液放置于10 mL离心管中，弃去碎骨，1 000 r/min离心7～10 min，弃上清液，沉淀即为骨髓细胞。

4. 低渗处理骨髓细胞

在含有骨髓细胞的离心管中加入 0.075 mol/L 氯化钾 6 mL，使用滴管将骨髓细胞反复打匀，放入 37℃温度下低渗 45 min。低渗过程中再以滴管打匀几次(约每间隔 10 min 打匀 1 次)，1 000 r/min 离心 10 min，弃上清液。

5. 固定骨髓细胞

在离心管中加 5 mL 固定液，同样用滴管反复打匀骨髓细胞，室温放置 20 min。1 000 r/min 离心 10 min，弃上清液。将上述操作重复 3 遍。

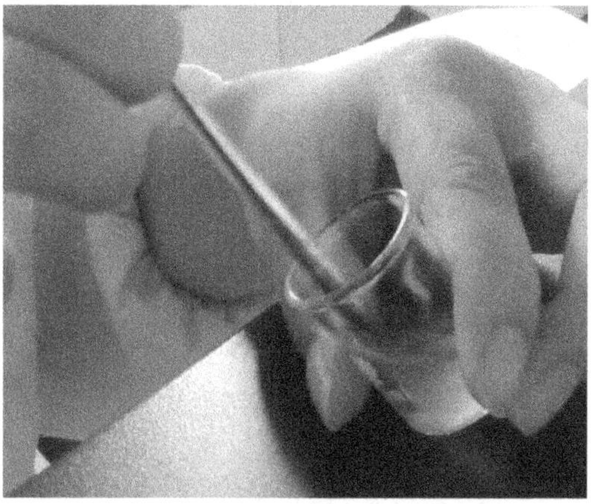

图 7-5 压碎股骨洗出骨髓细胞

如果分两次进行这个实验，可在第三次加入固定液后，将离心管管口盖紧，放入 4℃冰箱内过夜，第二天再进行后续的操作。

6. 制片

在弃去上清液留下骨髓细胞的离心管中加入少量(10～15 滴)固定液制成细胞悬液，然后进行冰片滴片(制片前 1～2 h 可将干净载玻片放入一大烧杯中，并加入蒸馏水后放入 4℃冰箱中备用)。进行滴片时，用镊子将冰片从水中取出，并迅速甩去表面的冰水。然后快速将冰片倾斜 45°放在点燃的酒精灯上约 10 cm 的高度，将吸有骨髓细胞悬液的滴管举高至距离冰片 30～40 cm 高度，迅速将细胞悬液滴在冰片上(图 7-6)。每张载玻片滴 2～3 滴细胞悬液即可。

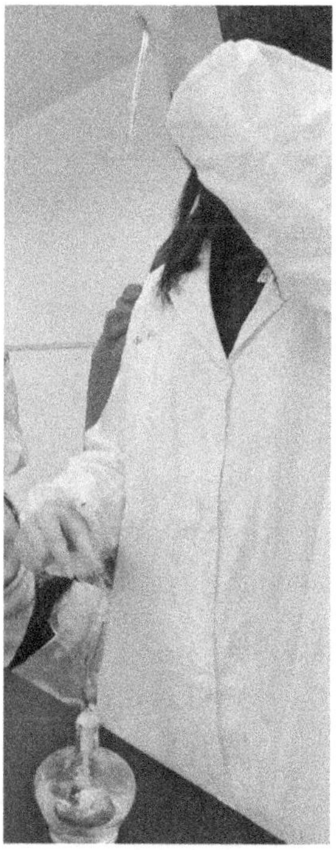

图 7-6 滴片操作

7. 染色和冲洗

按 Giemsa 原液∶pH6.8 的磷酸缓冲液＝1∶10 的比例配制 Giemsa 染液。将滴有骨髓细胞的载玻片放入含有 Giemsa 染液的染色缸中染色 45 min。从染色缸中取出载玻片，使用蒸馏水或自来水小心冲去载玻片表面的染液，然后用吸水纸小心吸干载玻片(注意不能用力擦拭滴有样品那一面载玻片的表面)。

8. 显微镜观察

在低倍镜(4×)下寻找含有骨髓细胞的视野,然后换中倍镜(10×)寻找小鼠骨髓细胞染色体分散较好的图像(图 7-7、彩图 8),再换高倍镜(40×)观察小鼠骨髓细胞染色体(图 7-8),并对小鼠骨髓细胞染色体进行计数。

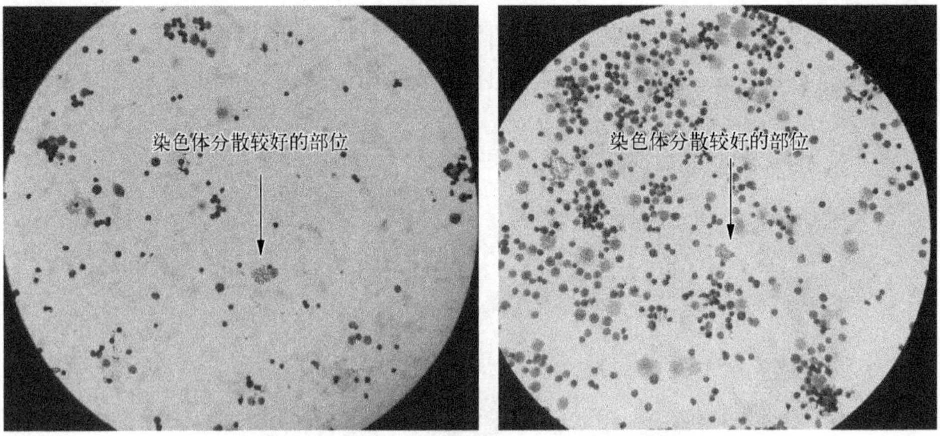

图 7-7　小鼠骨髓细胞(10×)

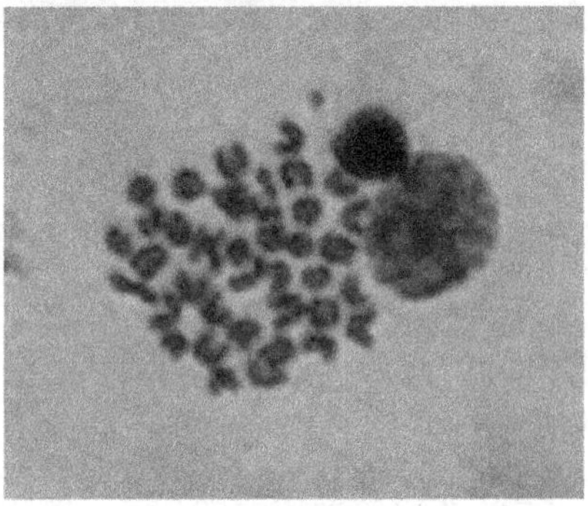

图 7-8　小鼠骨髓细胞染色体分散较好的图像(40×)

【问题与思考】

1. 如果对小鼠进行染色体组型分析,小鼠的染色体属于什么类型的?

2. 在本实验中,为什么要先低渗处理骨髓细胞,然后再进行固定操作?如果将这两个步骤调换一下,是否可以?

【作业】

1. 每人制作两张小鼠骨髓细胞染色体玻片。

2. 为什么在小鼠骨髓细胞中能看到分裂相染色体?

3. 画出小鼠骨髓细胞分裂相染色体,并进行计数。

实验 8　数量性状的生物统计分析

【实验目的】

1. 了解数量性状的基本特征。

2. 掌握使用基本的生物统计法进行数量性状遗传的研究工作。

【实验原理与预备知识】

生物体的各种性状，通常可分为质量性状和数量性状。质量性状属于非此即彼的二项分布，如豌豆的红花和白花，小麦穗上有芒和无芒等性状属非连续变异；而数量性状可以用数字即长度、重量等单位来表示，如每株穗数，穗上小穗数等性状属可以用整数来表示的连续性变异；株高、穗长和千粒重等性状属不可以用整数来表示的连续性变异。

研究数量性状，可把变异的数值一一登记以获得最初的结果。但是，这样的原始资料是混乱的，只有经过系统的整理归类，才能以递减或递增的数值形式排列，形成基本的统计表。例如，观察小麦某品种 100 个穗上小穗数，得到如下 100 个数字资料：

18	15	17	20	16	15	20	18	19	17	17	18	17	16	18	20	19	17	16	18
17	16	17	19	18	18	17	17	17	18	15	16	18	18	18	17	20	19	18	17
17	15	17	17	17	16	17	18	18	17	19	19	17	19	17	18	16	18	17	17
18	17	16	17	17	17	16	19	16	18	19	18	18	19	19	20	15	16	19	18
17	18	16	15	16	18	17	18	17	19	19	19	19	17	16	19	18	17	16	17

把这些资料按次序归类排列，即可获得系统化的变异数列，以表 8－1 的形式表示。

表 8－1　小麦 100 个小穗的变异数列

小穗数(X)	15	16	17	18	19	20	总计(n)
次数(f)	6	15	32	25	17	5	100

如果变异的数值不是整数，或是整数但变数值的范围很大时，可以用组距分类，即将它们分为若干组。如小麦每穗上籽粒数可以有 8～30 粒的变化，即可分为 8～10、11～13、14～16、17～19、20～22、23～25、26～28、29～31 共 8 个组，各组的中价为 9、12、15、18、21、24、27、30，组距为 3。又如陆地棉纤维长度为 24.00～35.99 mm 的变化，即可分为 24.0～25.9、26.0～27.9、28.0～29.9、30.0～31.9、32.0～33.9、34.0～35.9 共 6 个组，各组的中价为 25、27、29、31、33、35，组距为 2 mm。经过整理归类之后，通常我们可以看到数量性状呈两头小中间大的常态分布。

经过整理归类的资料，就可进一步进行统计分析。表示性状变异程度常用的数学符号有平均数($\overline{X}$)，标准差(s)和变异系数(cv)。

$$\overline{X}=\frac{\sum fx}{n}\left(\text{或}=\frac{\sum x}{n}\right)$$

在资料数很大时可用次数最多的组中价为假定平均数，用假定平均数的公式：

$$\overline{X}=A+e\times i=A+\frac{\sum fd}{n}\times i$$

公式中 $A=$ 假定平均数，$e=$ 矫正数 $=\frac{\sum fd}{n}$，$d=$ 以组距为单位的等级偏差，$i=$ 组距（本实验中 $i=1$）。

标准差（s）是偏离平均数的变异指数，当 n 值最大时，求得标准差的公式是：

$$s=\sqrt{\frac{\sum f(x-\bar{x})^2}{n}}$$

为计算简便，也可用单位进级法。其公式：

$$s=\sqrt{\frac{\sum fd^2}{n}-e^2}\times i=\sqrt{\frac{\sum fd^2}{n}-\left(\frac{\sum fd}{n}\right)^2}\times i$$

（小样本用 $n-1$）

从公式可以看出，标准差愈大，则变异的范围愈大，围绕平均数的变异值也越分散。通过平均数和标准差，就可以了解变异值分布的情况。

变异系数（cv）是标准差和平均数的比率，是相对的变异指数。求得变异系数的公式：

$$cv=\frac{s}{\overline{X}}\times 100\%$$

有了平均数和标准差还不能对不同数量性状的变异程度进行比较。而有了变异系数，我们就可以对不同品种不同数量性状进行比较了。通常，变异系数愈大，变异的程度也愈大。现在我们仍以上述某小麦品种穗数为例，分别用直接法（表 8－2）和单位进级法（表 8－3）来说明平均数、标准差和变异系数的计算方法。

表 8－2　直接法计算小麦小穗数的平均数、标准差和变异系数

组价 x	次数 f	次数×组价 fx	离均差 $x-\bar{x}$	离均差平方 $(x-\bar{x})^2$	离均差平方和 $f(x-\bar{x})^2$	平均差标准差变异系数
15	6	90	−2.47	6.100 9	36.605	$\overline{X}=\frac{\sum fx}{n}$
16	15	240	−1.47	2.160 9	32.413	$=\frac{1\,747}{100}=17.47$（个）
17	32	544	−0.47	0.220 9	7.068 8	$s=\sqrt{\frac{\sum f(x-\bar{x})^2}{n}}$
18	25	450	0.53	0.280 9	7.022 5	
19	17	323	1.53	2.340 9	39.795 3	$=\sqrt{\frac{154.909\,1}{100}}\approx 1.24$（个）
20	5	100	2.53	6.400 9	32.004 5	$cv=\frac{s}{\bar{x}}\times 100\%$
$\sum$	100	1 747			154.909 1	$=\frac{1.24\times 100}{17.47}\%=7.09\%$

表 8-3　单位进级法(简法)计算小麦小穗数的平均数、标准差和变异系数

x	f	d	fd	fd^2	平均数、标准差、变异系数
15	6	−2	−12	24	
16	15	−1	−15	15	$\overline{X}=A+\frac{\sum fd}{n}\times i=17+\frac{47}{100}\times 1=17.479$(个)
17	32	0	0	0	
18	25	1	25	25	$s=\sqrt{\frac{\sum fd^2}{n}-\left(\frac{\sum fd}{n}\right)^2}\times i=\sqrt{\frac{177}{100}-\left(\frac{47}{100}\right)^2}\times i$
19	17	2	34	68	$=\sqrt{1.77-0.22}=\sqrt{1.55}=1.24$(个)
20	5	3	15	45	$cv=\frac{s}{\bar{x}}\times 100\%=\frac{124\times 100}{17.47}\%=7.09\%$
$\sum$	100		47	177	

【实验用品】

1. 材料

棉花籽粒。

2. 用具

数学用表、计算器、黑绒板、小木梳、解剖针、毫米尺。

【实验步骤】

1. 取材及制备蝶形标本

在籽棉样品中取 50 囊,每囊取中部籽棉一粒,共 50 粒。将每粒籽棉逐一制成蝶形标本。

制备蝶形标本:首先用解剖针在棉籽籽粒尖端处,由下而上将籽棉纤维自腹中缝处挑开(图 8-1)。注意籽粒的前后纤维都需要在腹中缝处被挑开。在棉籽表面纤维均匀地被挑开后,再将籽棉放在黑绒板上,用小木梳将纤维往左右两边分梳整齐(图 8-2),即可得到蝶形标本。

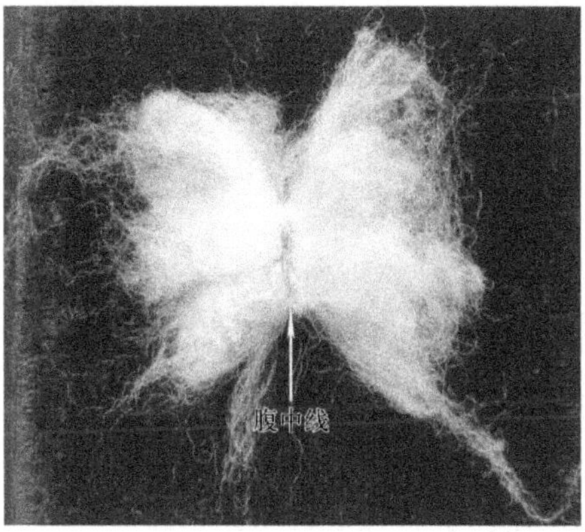

图 8-1　籽棉

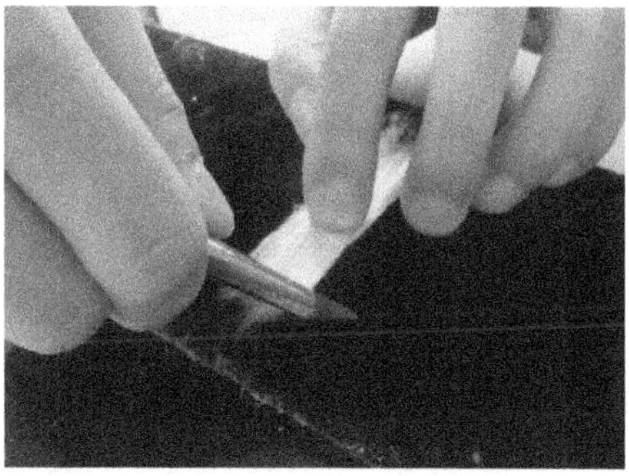

图 8-2　分梳籽棉纤维

2. 籽棉绒长测量

用两个手分别握住蝶形标本左右两边纤维,将蝶形标本自上而下整齐地平贴于黑绒板上(图 8-3),籽粒尖端向下。测量时为方便起见,通常直接测量籽棉两边绒长(即纤维长度),称为两倍绒长。以毫米为单位,逐一记载 50 粒籽棉上的两倍绒长。

3. 数据整理

在棉花绒长的资料中找到最大和最小的数值，将 50 个测量数据按递减或递增形式进行分组，看看是否呈现出两头小中间大的变异数列。

在将测量数据进行分组整理时，可以采用“正”字法记数，将 50 个两倍绒长测量数据一一归入不同组别中。

4. 计算平均数、标准差和变异系数

应用直接法或单位进级法（参考表 8－2 和表 8－3），按照相应的公式计算出棉花两倍绒长平均数（$\overline{X}$）、标准差（s）和变异系数（cv）。

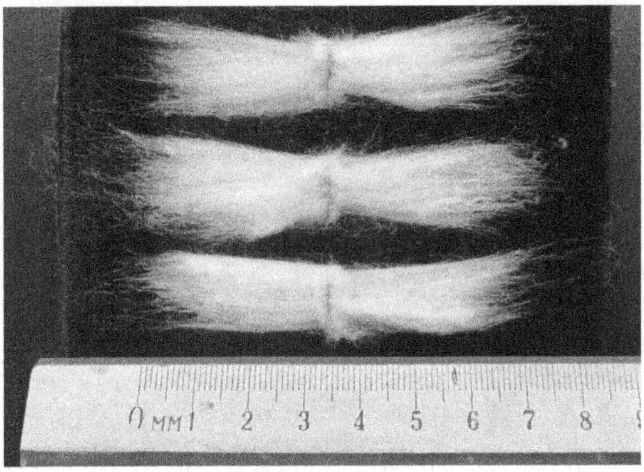

图 8－3　蝶形标本及绒长测量

如采用单位进级法计算，需要先以出现次数最多的组中价为假定平均数（A），然后求各组中价和假定平均数的等级偏差（d），求出各组的 fd 及其代数和 $\sum fd$，再以每组的等级偏差（d）乘该组的 fd 得 fd^2，相加得 $\sum fd^2$。

【问题与思考】

1. 数量性状有哪些特征？人类有哪些性状属于数量性状？
2. 如何理解数量性状的遗传基础？

【作业】

1. 完成棉花绒长统计分析表 8－4，并计算出棉花绒长的平均数、标准差、变异系数。

表 8－4　棉花绒长统计分析表

组限（mm）	组中价 x	次数 f	等级偏差 d	fd	fd^2	平均数、标准差、变异系数
	$\sum$					

实验 9　唾腺染色体的制备和观察

【实验目的】

1. 掌握解剖果蝇幼虫获得唾腺的操作技术。
2. 学习果蝇幼虫唾腺染色体制片方法。
3. 观察唾腺细胞巨大染色体的结构。

【实验原理与预备知识】

意大利学者 E. G. Balbiani 于 1881 年在双翅目昆虫摇蚊(*Chironomus nuditarsis*)的幼虫唾腺中，观察到一种巨大染色体。美国学者 T. S. Painter 等于 1933 年在模式生物果蝇(*Drosophila melanogaster*)和其他蝇类的幼虫唾腺中也发现了这种巨大染色体。这种巨大染色体比普通体细胞染色体长 100～200 倍，体积大 1 000～2 000 倍。如此巨大的染色体只需要通过简单的染色和压片，就很容易在光学显微镜下观察到。果蝇三龄幼虫的唾腺发育到一定阶段后，细胞的有丝分裂停留在间期，构成了一个永久间期系统，唾腺细胞数目不增加，但体积增大，其中每条染色体的染色质丝在不断地进行复制，多则可以复制 2^{10}～2^{15} 次，其复制产物不分开，成千上万条的染色质纤维平行而精巧地排列形成一束宽而长的带状物，故唾腺染色体又称多线染色体。

唾腺染色体的同源染色体是以联会的状态存在于唾腺细胞中的，遗传学上称之为“体细胞联会”。由于体细胞同源染色体紧密而精确地配对，染色体在全长上几乎完全平行排列，使得唾腺细胞中的染色体都以二价体形式存在。果蝇有四对染色体，第一对为性染色体，雌性为 XX，雄性 XY，第二，第三及第四对染色体为常染色体。每对染色体的着丝粒凝聚成染色中心。从染色中心放射状地伸出五条长臂和一条短臂。五条长臂分别标为 X，2L 及 2R(第二染色体的左右臂)，3L 及 3R(第三染色体的左右臂)，短臂用 4 表示(第四染色体)(图 9 - 1)(戴灼华等，2008)。每一条臂都含有两条紧密缠绕在一起的同源染色体：一条是母本的，来自卵核；另一条是父本的，来自精子。在雄性唾腺细胞中，Y 染色体极度萎缩，不参与染色中心的组成，所以 X 染色体不配对而呈细长的一条。

果蝇唾腺染色体存在于果蝇的唾腺细胞核中，唾腺染色体具有粗短不等的横纹，横纹带在染色体上的部位是一定的。黑腹果蝇的唾腺染色体的横纹总数约为 5 000 条。在光学显微镜下，唾腺染色体上有 85％的区域呈现带纹，15％为间带区。横纹的宽窄不同。依据特殊的相对稳定的横纹结构，尤其是染色体端部特征性的横纹可以准确地鉴别每条染色体。横纹的排列特征具有物种的特异性。

当染色体结构相同时，无法区分这两条紧密配对的同源染色体；如果它们结构不同，就可从唾腺染色体来区别它们的差异。例如：假定野生型果蝇染色体中染色体带的次序是 abcdefghij，而另一果蝇中此染色体发生了倒位，次序为 abhgfedcij，当这两种果蝇交配形成的杂合体，其唾腺染色体就会形成一个倒位环。同样，如果染色体发生其他结构畸变，通过观察唾腺染色体的结构也可以进行鉴别。

唾腺细胞染色体处于永久早期，化蛹时随即解体。

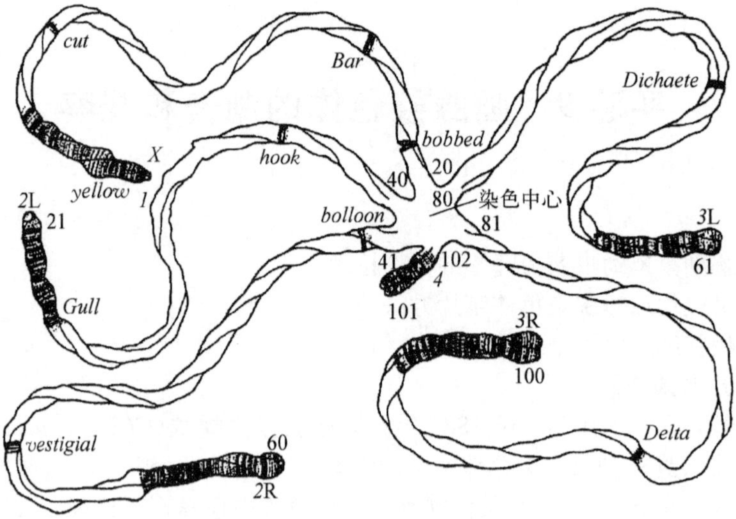

图 9-1　黑腹果蝇唾腺染色体模式图(戴灼华等,2008)

显示端部横纹级界标分区

【实验用品】

1. 材料

果蝇三龄幼虫(图 9-2)。

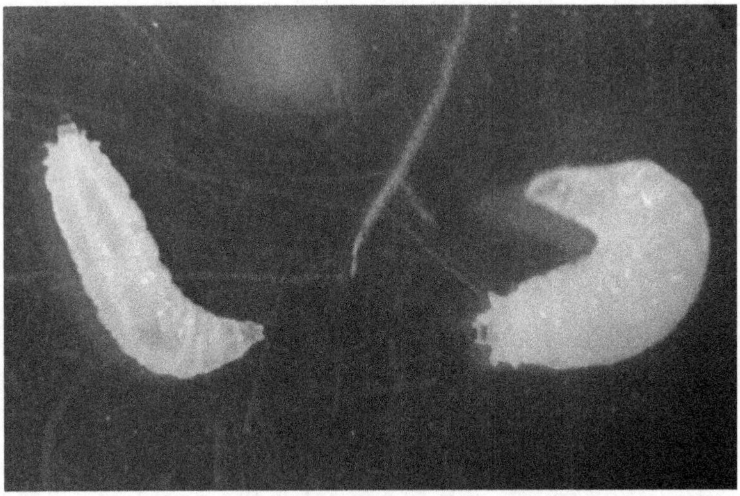

图 9-2　果蝇三龄幼虫

2. 用具

双筒解剖镜、显微镜、镊子、解剖针、载玻片、盖玻片、吸水纸。

3. 药品及配制

醋酸洋红染液：配制参见实验 1。

2%醋酸地衣红染液：100 mL 45% 醋酸加 2 g 地衣红。如果太浓,可在 20 mL 溶液中加入 4 mL 醋酸稀释。

0.9%生理盐水：称取 0.9 g NaCl 加少许蒸馏水溶解后，定容至 100 mL。

1 mol/L HCl：配制参见实验 1。

【实验步骤】

1. 果蝇唾腺的分离

把载玻片放置于解剖镜载物台上(最好选用黑背景)，在载玻片上加 1 滴生理盐水，选择充分发育的果蝇 3 龄幼虫(虫体长为 4.5～5 mm)，置于生理盐水中。如果幼虫表面带有培养基，可先使用生理盐水将幼虫清洗干净。

果蝇唾腺位于幼虫身体的前 1/4～1/3 处，在双筒解剖镜下仔细观察和判断幼虫的头部(含有口器)和尾部。双手各握一枚解剖针，其中一解剖针按住幼虫前端 1/3 处固定幼虫，另一解剖针按住幼虫的头部(口器处)，快速、用力地把虫体前端向外拉，使头部与身体分开，拉出唾腺。此时唾腺与食管和肠管混在一起，要注意辨别。通常唾腺呈半透明、球棒状，前端细，末端粗，成对形成"V"字形，其外侧有时附有乳白色的脂肪体(图 9-3)。小心清除唾腺外侧的脂肪及其他的器官和组织。

取出的唾腺应保留其完整的形态，若形态不完整，则很难判断，因为食管、肠管也是半透明的。

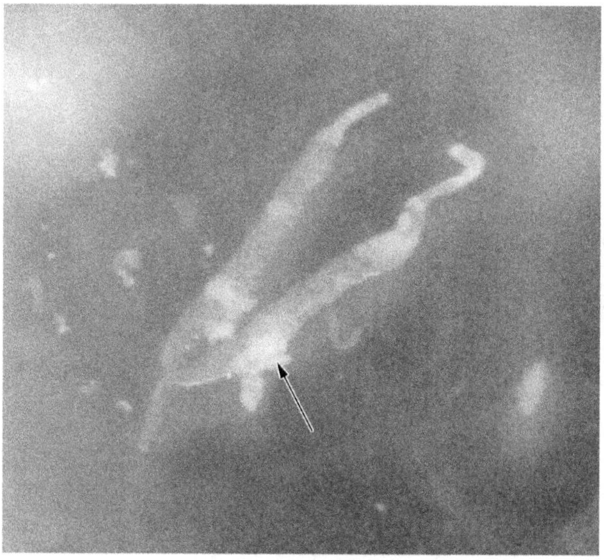

图 9-3　果蝇唾腺

箭头示脂肪体

2. 解离和清洗

在唾腺上加 1 滴 1 mol/L 盐酸，室温下解离 2～3 min，然后把多余的盐酸吸干。用蒸馏水清洗盐酸，吸干水分并反复数次。注意加水时动作要轻柔，吸干时吸水纸不要太靠近标本，以免唾腺丢失。此步骤可省去。

3. 染色

在唾腺上加 1 滴醋酸洋红或醋酸地衣红染色 20 min。染色时，可用镊子把唾腺稍稍捣碎，但千万不要弄失唾腺。

4. 压片

盖上盖玻片，放上吸水纸，用手掌大鱼际处均匀用力按压，使染色体分散。

压片时要尽量用力，但是千万不能使盖玻片在载玻片上移动，同时也要避免将玻片压碎。

5. 显微镜观察

先使用低倍镜（4×）寻找含有唾腺细胞的视野，再依次使用中倍镜（10×）和高倍镜（40×）进行观察。染色体分散较好的图像，能够在高倍镜下清晰地看到不同的染色体长臂及染色体臂上的横纹（图 9－4）。图 9－5（彩图 9）汇集了一些制作较好的玻片标本图像。

在本实验中压片是一个非常重要的操作环节。如果压片时力度不够，唾腺细胞中的染色体会依然位于细胞中[图 9－6(a)、彩图 10(a)]；如果压片时力度大但不够均匀，则会导致唾腺细胞染色体长臂的断裂[图 9－6(b)、彩图 10(b)]。

理想的玻片可经脱水、封片等步骤制成永久片。方法同实验 1。

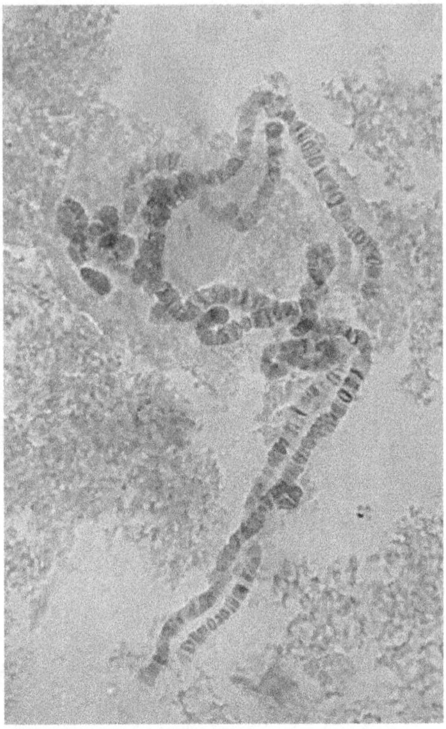

图 9－4　果蝇唾腺细胞染色体

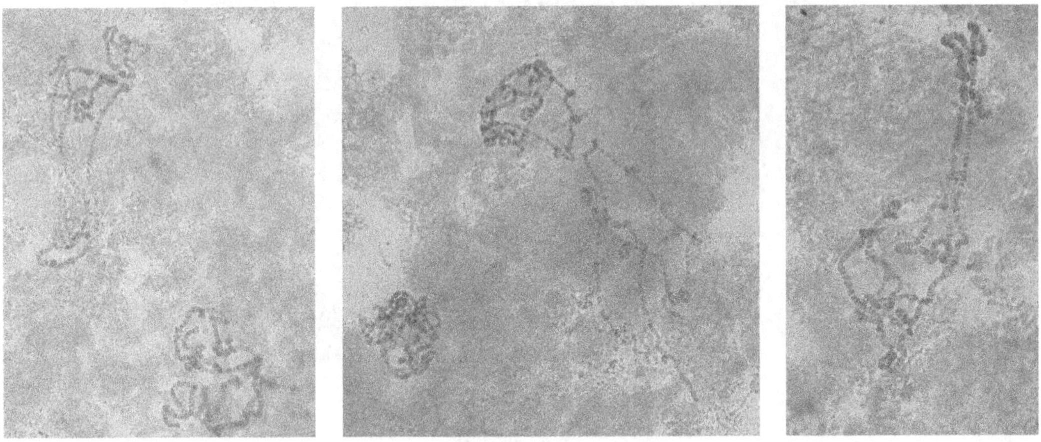

图 9－5　果蝇唾腺染色体玻片标本（40×）

【问题与思考】

1. 果蝇唾腺染色体多线性的原因是什么？
2. 果蝇唾腺染色体有哪些主要特征？其在遗传研究中有何意义？

【作业】

1. 制作两张果蝇幼虫唾腺染色体临时压片。
2. 绘制所看到的果蝇幼虫唾腺染色体图像。

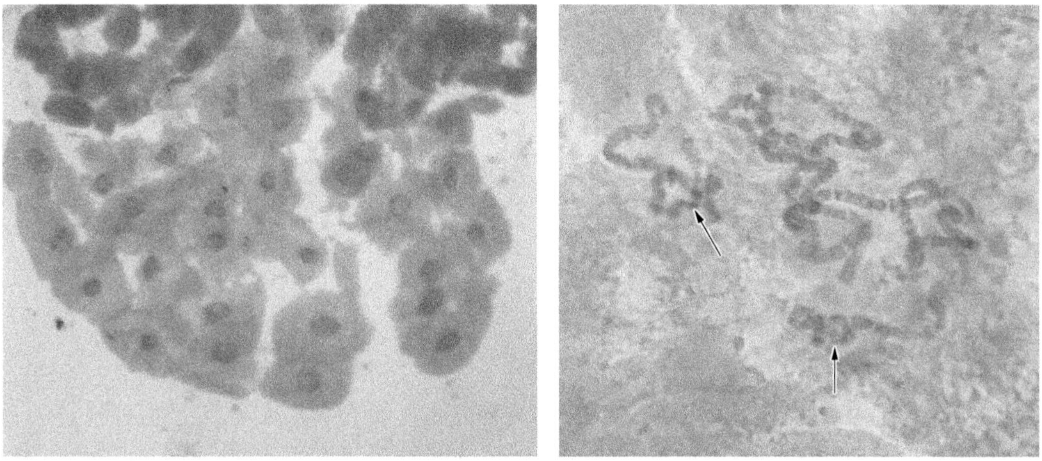

(a)　　(b)

图 9 - 6　果蝇幼虫唾腺染色体制片失败时的玻片标本图像(40×)

(a)图为压片用力不够时的玻片标本图像;(b)图为压片用力不均匀时的玻片标本图像;箭头示断裂的染色体臂

实验 10　植物多倍体诱导及鉴定

【实验目的】

1. 了解人工诱发多倍体植物的原理。
2. 掌握用秋水仙素诱发多倍体植物的方法。
3. 练习鉴别植物多倍体的技术。

【实验原理与预备知识】

在自然界，大多数生物的染色体数目都是恒定的。染色体数目恒定是物种稳定的重要条件。在遗传学中，把二倍体个体形成配子所具有的全部染色体数，称一个染色体组，用 X 表示。一个染色体组中含有的染色体数，称为染色体基数。体细胞核中含有一个染色体组的生物体，称为一倍体($n=X$)；体细胞核中含有两个染色体组的生物体，称为二倍体($2n=2X$)；体细胞核中具有三个或三个以上染色体组的植物称为多倍体植物。

多倍体分为同源多倍体和异源多倍体。异源多倍体指增加的染色体组来自不同物种，一般是由不同种属间的杂交种经过染色体加倍形成的；而同源多倍体是指增加的染色体组来自同一物种，一般是由二倍体的染色体直接加倍产生的。多倍体普遍存在于植物界，目前已知被子植物中约有 1/3 或更多的物种是多倍体。包括许多重要的农作物，如普通小麦为异源六倍体($2n=6X$)。

除了自然界中存在的多倍体物种之外，还可以利用物理或化学方法人工诱导产生植物多倍体。

物理方法诱导产生植物多倍体，可采用温度剧变(高温、低温)、机械损伤(嫁接或反复的切断产生愈伤)、各种射线照射等方法。化学方法诱导产生植物多倍体主要是利用化学药剂处理，如秋水仙素、萘嵌戊烷、异生长素、富民农等，其中以秋水仙素效果最好。

秋水仙素是从百合科植物秋水仙(*Colchicum autumnale*)的种子及器官中提炼出来的生物碱，呈白色或黄白色结晶，有剧毒，使用时应避免接触皮肤及溅射入口、眼。秋水仙素诱发多倍体的作用机制，是抑制纺锤丝微管蛋白(microtube protein)的组装，导致其不能形成纺锤体；每个染色体纵裂为二后不能向两极分开，同时细胞也不能分裂，因而每个细胞的染色体数目成倍增加。如果处理持续的时间够长，可使细胞中染色体倍性变得更高。

染色体加倍后必须进行鉴别。多倍体首先可根据其形态特征进行初步判断，比如叶色变深，叶片、花器官、果实、种子等明显变大。多倍体植株形态特征巨大化，常作为多倍体鉴定的辅助性指标，然而多倍体鉴定最为可靠的方法是检查细胞内染色体数目，只有染色体数目增加了，才能证明植株已被诱变成为多倍体。

多倍体诱导目前已成功地应用于植物育种。在某些农作物中，随着染色体组数的增加可使经济性状发生有利的变化。例如：番茄 $2n=4X$ 维生素 C 含量比 $2n=2X$ 的多一倍；$3X$ 的西瓜、香蕉、菠萝都无籽；$3X$ 的杜鹃因不育而花期延长。现代月季中 $2n=2X$ 花朵直径约 5 cm，$2n=4X$ 花朵直径约 10 cm，$2n=6X$ 花朵直径约 15 cm；$2n=8X$ 的小黑麦在高寒地区仍能获高产，并且蛋白质含量较高。但是多倍性也有一定的负面效应，例如结实率和分蘖率会下降等。

【实验用品】

1. 材料

洋葱鳞茎。

2. 用具

显微镜、载玻片、盖玻片、小烧杯、镊子、刀片、吸水纸、橡皮头铅笔、酒精灯。

3. 药品

0.05%秋水仙素：称取 50 mg 秋水仙素，溶于 100 mL 0.85% NaCl 溶液中。

1 mol/L HCl：配制参见实验 1。

醋酸洋红染液：配制参见实验 1。

70%乙醇：配制参见实验 6。

【实验步骤】

1. 洋葱根尖多倍体诱导

将洋葱鳞茎剥去外层干鳞片，整理干净根盘，泡入水中 3～4 天。待不定根长出约2 cm后，将洋葱鳞茎转到 0.05%秋水仙素溶液中处理约 2 天，可看到根尖膨大，如图 10－1 所示。

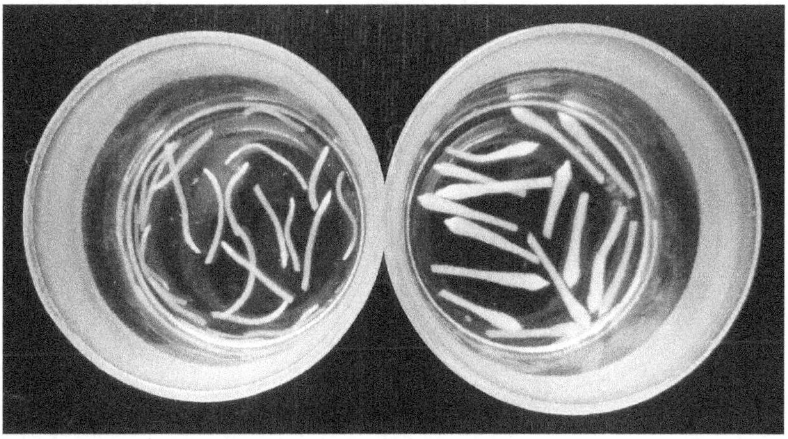

图 10－1 洋葱根尖

左边为未经秋水仙素诱导的根尖；右边为经秋水仙素诱导后膨大的根尖

2. 取样、固定及保存

在上午 8:00～10:00，将已膨大的洋葱根尖剪下，置于固定液（冰醋酸：95%乙醇＝1：3）中固定 4～6 h。然后将根尖从固定液中取出，依次转到 95%、85%乙醇中，最后放入盛有 70%乙醇的瓶中，4℃保存。

3. 解离和清洗

将根尖从 70%乙醇的保存液中取出，蒸馏水清洗两遍后，放入 1 mol/L HCl 中于 60℃水浴锅中水解 8～10 min，再用蒸馏水清洗两遍。

4. 制片

将解离过的洋葱根尖置于干净的载玻片上，用解剖刀将根尖分生区切下 2～3 cm。

加 1 滴改良苯酚品红染液，用镊子将切下的部分夹碎(图 10－2)。

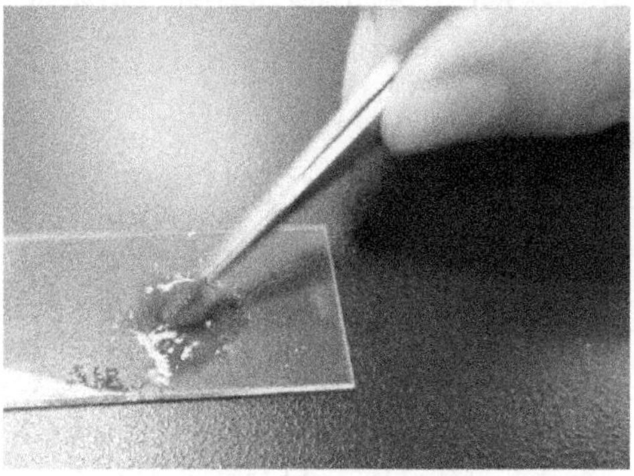

图 10－2　用镊子夹碎切下的根尖分生区

染色 3～5 min 后，用镊子取盖玻片与染色液面呈 45°徐徐放下，排净气泡，并在盖玻片上铺少量吸水纸，用拇指进行压片；或使用铅笔的橡皮头垂直在盖玻片上敲击多次，使细胞分散并展平在载玻片上。

5. 显微镜观察

先使用低倍镜(4×)寻找含有洋葱根尖细胞的视野，再依次更换中倍镜(10×)和高倍镜(40×)进行观察。可发现大量细胞的染色体数量加倍，通过染色体计数可判断其倍性的变化(图 10－3)。

制作理想的玻片可经脱水、封片制作成永久片。方法同实验 1。

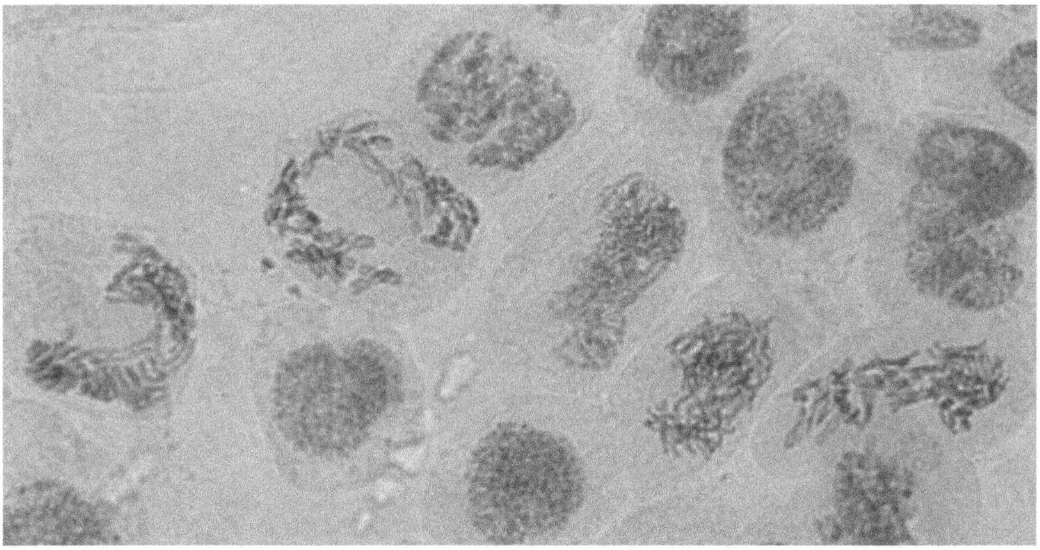

图 10－3　洋葱根尖细胞染色体的多倍化

【问题与思考】

1. 秋水仙素的处理时间与加倍效果之间的关系怎样？秋水仙素的浓度对处理效果有何影响？

2. 多倍体细胞中染色体的状态有两种，一种是一条染色体仅含一条染色单体；另一种是一条染色体含两条染色单体，其形成原因是什么？

【作业】

1. 阐述秋水仙素诱导植物细胞染色体数目加倍的机制。

2. 绘制洋葱多倍体($2n=4X$)细胞有丝分裂中期染色体特征图。

实验 11　植物核酸提取、DNA 纯化以及纯度和含量分析

【实验目的】

1. 掌握 SDS 法提取植物组织总核酸的原理与方法。
2. 了解 DNA 纯化的原理及步骤。
3. 学习用分光光度计法检测 DNA 浓度和纯度的方法及原理。

【实验原理与预备知识】

核酸是重要的生物大分子之一，有脱氧核糖核酸（DNA）和核糖核酸（RNA）两种。DNA 是绝大多数生物（除少数 RNA 病毒外）储存遗传信息的分子，分离动植物 DNA 是基因工程及分子生物学研究最基本的操作，是进行基因组序列分析、遗传标记分析、基因克隆、基因定位等实验操作的前提。

DNA 主要存在于细胞核内，因此，对植物细胞而言，提取 DNA 必须首先破坏或降解细胞壁、细胞膜和细胞核膜。分离植物总基因组 DNA 常用的破壁方法是将植物组织在提取缓冲液中匀浆或置于液氮冷冻后磨成粉末。

细胞膜和细胞核膜含有较多的蛋白质。SDS（十二烷基硫酸钠）是一种去垢剂，能够使蛋白质变性，破裂细胞膜和细胞核膜，释放出核酸。使用 SDS 分离提取核酸，一般都将它与螯合剂 EDTA 一起配制成缓冲溶液。

使用含有高浓度 SDS、EDTA 等成分的提取缓冲液处理植物组织匀浆。利用去垢剂 SDS 裂解细胞，使核酸释放到缓冲液中，EDTA 则能够与 DNA 酶的辅因子 Mg^{2+} 结合，使 DNA 酶失去活性，但不会降解从细胞中释放的 DNA。

利用高浓度 SDS 等成分的提取缓冲液研磨植物组织，在将核酸释放在缓冲液中的同时，原先在细胞中的蛋白质、多糖、色素等杂质也都一同释放在了缓冲液中。采用氯仿-异戊醇有机溶剂能够使蛋白质等杂质沉淀，而后再用乙醇沉淀水相中的核酸，即可得到核酸粗提物。

不同研究目的对 DNA 纯度和质量要求不尽相同。DNA 粗提物中往往还含有大量的 RNA、蛋白质、多糖等，去除这些杂质才能得到较为纯净的 DNA。纯化 DNA 的方法有很多。利用 RNA 酶去除植物组织总核酸中的 RNA 杂质，使用有机溶剂氯仿或苯酚抽提溶液中的蛋白质、多糖等物质，再用酒精沉淀以及 70% 乙醇清洗即可得到纯度较高的 DNA。利用 RNA 酶结合使用有机溶剂是一种比较简便纯化 DNA 的方法，而且使用该方法纯化获得的 DNA 能够满足一般分子生物学和基因工程后续研究的要求。

根据 DNA 和蛋白质分别在 260 nm 和 280 nm 波长的最大吸收值，即可通过计算由紫外分光光度计测定 DNA 溶液在 260 nm 和 280 nm OD 值的比值，确定 DNA 溶液的纯度。OD(260)/OD(280)应等于 1.8。若大于 1.8，说明溶液中含 RNA 杂质，可用 RNA 酶重新处理。若小于 1.6，说明溶液中有蛋白质及酚，可用有机溶剂再次抽提。

采用紫外分光光度计分析法确定DNA浓度可利用如下公式进行计算：

$$1\ \text{OD}(260\ \text{nm})=50(\mu\text{g/mL})$$

【实验用品】

1. 材料

市售豆苗或菠菜或花菜等植物。

2. 用具

玻璃棒、烧杯、10 mL和50 mL离心管、研钵、研磨棒、10 mL和50 mL量筒、分析天平、紫外分光光度计、水浴锅、离心机、不同规格移液器和配套吸头。

3. 药品及配制

研磨缓冲液(pH 7.0)：分别称取26.30 g的NaCl、13.23 g的柠檬酸三钠和37.22 g的EDTA三种药品，定容于1 000 mL蒸馏水中(0.45 mol/L NaCl，0.045 mol/L柠檬酸三钠，0.1 mol/L EDTA)，在定容好的溶液中按1%比例加入10克SDS，调pH至7.0。

氯仿-异戊醇：按照氯仿：异戊醇＝24：1比例配制。

0.1×SSC溶液：分别称取0.876 0 g的NaCl和0.441 0 g的柠檬酸三钠，定容于1 000 mL蒸馏水中(0.015 mol/L NaCl和0.001 5 mol/L柠檬酸三钠)，调pH至7.0。

1×TE缓冲液：① 1 mol/L Tris-HCl (pH 8.0) 50 mL的配制：称取Tris碱6.06 g，加超纯水40 mL溶解，滴加浓盐酸调pH至8.0，定容至50 mL。② 0.5 mol/L EDTA (pH 8.0)50 mL的配制：称取EDTA-Na_2·$2H_2O$ 9.31 g，加超纯水35 mL，剧烈搅拌，用约NaOH颗粒调pH至8.0，定容至50 mL。(EDTA二钠盐需加入NaOH将pH调至接近8.0时，才会溶解。)③ 1×TE(10 mmol/L Tris-HCl，pH 8.0；1 mmol/L EDTA，pH 8.0)的配制：取1 mol/L Tris-HCl(pH 8.0)溶液1 mL，0.5 mol/L EDTA (pH 8.0)溶液0.2 mL，加超纯水至100 mL，高温高压灭菌备用。

无水乙醇或95%乙醇以及70%乙醇(配制参见实验6)，4℃冰箱预冷。

10 mg/mL的RNA酶溶液配制：取0.5 g胰核糖核酸酶A(RNaseA)溶解在40 mL的pH 5.2的0.01 mol/L的醋酸钠溶液中，溶解后定容至50 mL，使其终浓度为10 mg/mL，在沸水中加热15 min，放在室温下缓慢冷却，用1 mol/L的Tris-HCl(pH 8.0)调pH至7.4，分装成小管，保存于－20℃备用。

【实验步骤】

1. 植物组织研磨

称取新鲜豆苗叶片(或其他植物样品)10～15 g(如植物表面有水，需要用吸水纸先吸干，后称重)，放在研钵内，加入与植物样品重量相等数值体积(mL)的研磨缓冲液，将植物组织充分研磨成浆状物，如图11-1(彩图11)所示。

图11-1　植物组织研磨效果

2. 去除细胞碎片和蛋白

将经过研磨后的组织浆状物放入50 mL的离心管内，加入与浆状物等体积的氯仿-异戊醇，盖紧盖子剧烈摇动 30 s，然后以 8 000 r/min 的速度离心 10 min 后，形成三层，如图 11 - 2（彩图 12）所示。

用吸管小心吸取含核酸的上清液，弃去中间的细胞碎片、变性蛋白质及下层的氯仿等有机溶剂。将上清液转入一个新的 50 mL 离心管内。如不做 DNA 纯化操作的，可将上清液转入一个干净的 50 mL 小烧杯内。

图 11 - 2　匀浆离心后分层示意图

3. DNA 酶变性处理

将含有核酸上清液的离心管放在 72℃水浴锅中保温 3～4 min（不要超过 4 min），以灭活组织内的 DNA 酶，然后迅速取出离心管，放在冰水浴中冷却至室温。

如不做 DNA 纯化，此步骤可省略。

4. 沉淀核酸

在上清液中加入两倍体积预冷的无水乙醇或 95%乙醇，用两个小烧杯小心对倒，或用玻棒轻轻搅拌，呈絮状的核酸沉淀即会被析出，如图 11 - 3（彩图 13）所示。

如上清液放在 50 mL 离心管中，可直接将两倍体积预冷的无水乙醇或 95%乙醇加在离心管中，盖紧离心管盖子，轻柔地上下颠倒离心管，也可以看到呈絮状的核酸沉淀被析出。

用玻棒取出核酸，放置在一个干净的 10 mL 离心管中，或以 2 000 r/min 的速度离心 5 min 收集核酸。加 1～2 mL 或适量 0. 1×SSC 缓冲液或蒸馏水溶解核酸，即可得到 DNA 粗提溶液。

5. DNA 粗提液纯化

在含有 DNA 粗提液的离心管中，加 RNA 酶原液，使最终浓度为 50 μg/mL，放入 37℃的水浴锅中半小时。

在离心管中继续加入等体积的氯仿-异戊醇混合液，盖紧离心管盖子，用力摇匀 30 s，以 8 000 r/min 的速度离心 10 min，或 4 000 r/min 离心 15 min。

小心吸取上清液（注意不要将中间白色的变性蛋白吸出）至另一个干净的 10 mL 离心管或 50 mL 小烧杯中，并加入两倍体积预冷的无水乙醇或 95%乙醇，轻轻混匀，使 DNA 再次析出（图 11 - 4、彩图 14）。

第二次析出的 DNA 颜色会比第一次析出的更透明些。

用玻棒取出核酸，放置在一个干净的 10 mL 离心管中，或以 2 000 r/min 的速度离心 5 min 收集核酸。加 70%的乙醇清洗 DNA 沉淀 2 次，每次大约使用 1 mL 70%的乙醇。

将离心管盖子打开，放置在 50℃培养箱环境中约 5 min。在确定 DNA 沉淀中的乙醇已完全挥发掉后，加 3 mL 1×TE 或无菌水使 DNA 溶解。

6. DNA 纯度和浓度检测

将紫外分光光度计接通电源，打开仪器预热 20 min。将 DNA 溶液倒入石英比色皿中，波长分别调至 260 nm 和 280 nm，检测 DNA 溶液的 OD 值。

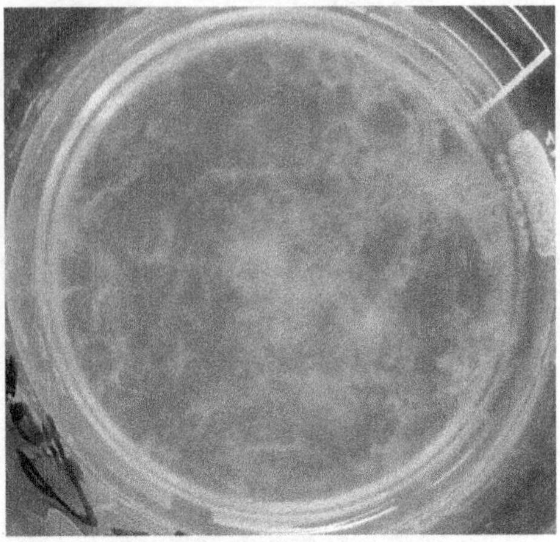

图 11-3　第一次沉淀析出的 DNA

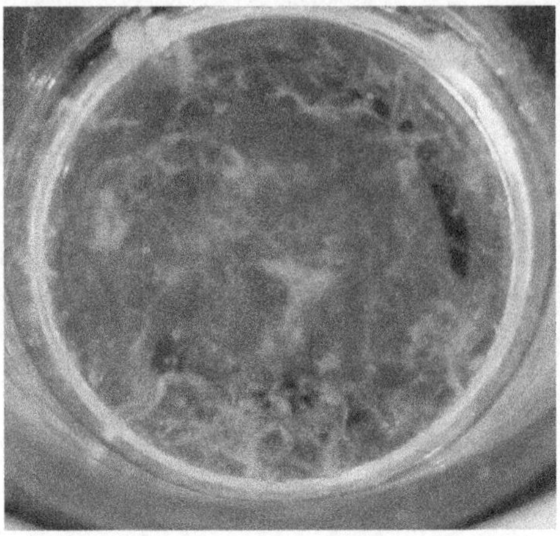

图 11-4　第二次沉淀析出的 DNA

【问题与思考】

1. 在上清液中加入无水乙醇或 95%乙醇后，出现的核酸是什么状态？

2. 提取及纯化 DNA 过程中，使用的 SDS、EDTA、TE 缓冲液、两倍体积的无水乙醇或 95%乙醇、氯仿-异戊醇、70%乙醇等试剂的作用各是什么？

【作业】

1. 记录所检测的 DNA 溶液在 260 nm 和 280 nm 两个波长下的 OD 值。

2. 根据检测结果分析所提取 DNA 溶液的纯度、浓度和得率。

实验 12　碱法抽提大肠杆菌质粒 DNA

【实验目的】

1. 学习和了解碱裂法提取质粒 DNA 的原理。
2. 掌握碱裂法小量提取质粒 DNA 的方法。

【实验原理及预备知识】

细菌质粒(plasmid)是指存在于细菌细胞质中的一种具有自主复制能力的 DNA 分子(图 12-1)。绝大多数细菌质粒以环状双链形式独立存在于宿主染色体外,不仅能自主复制,还能稳定遗传到子代细胞中。质粒一般不整合到宿主染色体上,但在一定条件下又会可逆地整合到宿主染色体上,随宿主染色体复制和细胞分裂传递到后代。在放线菌以及真菌中也有质粒,但它更多存在于细菌细胞内。

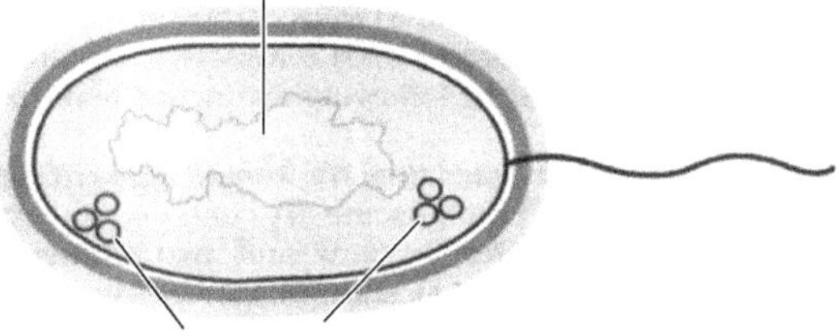

图 12-1　细菌细胞中的质粒 DNA

质粒可以分为两类,一类为严谨型质粒,这些质粒的复制是在宿主细胞严格控制之下的,与寄主细胞染色体的复制偶联同步,在一个细胞中只有一份或几份拷贝;另一类为松弛型质粒,这些质粒的复制是在宿主细胞的松弛控制之下的,在一个细胞中拷贝数较多,独立于宿主细胞而自主复制。

质粒的特点是它能够携带外源基因进入宿主细胞,是进行扩增或表达的重要载体。这种基因运载工具在基因工程中具有广泛的应用价值,多采用松弛型质粒。

SDS 是一种表面活性剂,用 SDS 处理细菌细胞后,会导致细菌细胞壁的破裂,从而使质粒 DNA 以及基因组 DNA 从细胞中同时释放出来。释放出来的 DNA 遇到强碱性(NaOH)环境,就会变性。然后,用酸性 KAc 来中和溶液,使溶液处于中性,质粒 DNA 将迅速复性,而基因组 DNA,由于分子巨大难以复性。离心后,质粒 DNA 将在上清液中,而基因组 DNA 则与细胞碎片一起沉淀到离心管的底部而被去除。再进一步用酚、氯仿使蛋白质变性去除蛋白杂质,然后用异丙醇或无水乙醇沉淀,即可得到纯化的质粒 DNA。

环状双链的质粒 DNA 分子可呈现三种不同的构型。当质粒的两条多核苷酸链均保持完整环形结构时,即呈现超螺旋构型;如果两条多核苷酸链中只有一条保持完整环形结构,另一条出现缺口时,即呈现开环结构;如果复制中的两个质粒没有分开,在提取到的质粒中还可能存在质粒的复制中间体(图 12－2)。

超螺旋构型质粒在电泳中泳动最快,位于泳道的最前端,其次是开环构型,质粒的复制中间体在电泳中的泳动速度一般是最慢的。

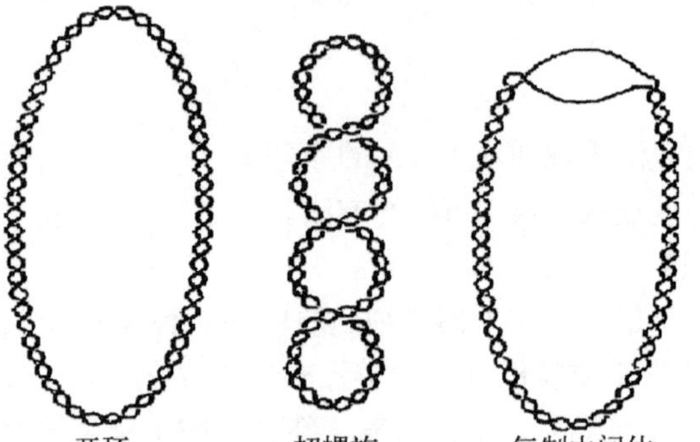

图 12－2　质粒的三种构型

【实验用品】

1. 材料

含有质粒的大肠杆菌。

含有大肠杆菌菌液的准备：从－80℃冰箱中取出大肠杆菌,稍融化后,接种于2 mL LB液体培养基中,或从LB平板上用接种环(需要使用酒精灯烧红后冷却使用)挑取新活化的大肠杆菌,放入2 mL LB液体培养基中37℃振荡(200 r/min)培养过夜。100 mL LB液体培养基中加入1 mL菌液,37℃恒温200 r/h,过夜振荡培养(12～16 h)。

2. 药品及配制

无菌水和无水乙醇。

LB液体培养基：分别称取酵母提取物5 g、胰蛋白胨10 g、NaCl 10 g,加水定容至1 000 mL,调节pH 7.4～7.6。蛋白胨很易吸潮,在称取时动作要迅速。分装后灭菌备用。

平衡酚：按照酚∶氯仿∶异戊醇比例为25∶24∶1配制平衡酚溶液。平衡酚溶液的配制操作建议在通风橱中进行。

溶液Ⅰ(Solution Ⅰ)：首先配制EDTA(0.5 mol/L,pH 8.0)和Tris－HCl(1.0 mol/L,pH 8.0)母液。称取121.1 g Tris,溶于800 mL水中,混匀,pH调节至8.0后,定容至1 000 mL。称取186.1 g EDTA－Na·$2H_2O$溶于800 mL水中,混匀,加入NaOH(约20 g)调节pH至8.0后,定容至1 000 mL。然后分别称取葡萄糖9 g,吸取20 mL EDTA(0.5 mol/L,pH 8.0)和25 mL Tris－HCl(1.0 mol/L,pH 8.0),加水定容至1 000 mL,使得溶液的终浓度为葡萄糖50 mmol/L、EDTA 10 mmol/L,pH 8.0和Tris－HCl 25 mmol/L,pH 8.0,进行高压灭菌,冷却后4℃保存备用。

溶液Ⅱ(Solution Ⅱ)：分别称取8 g NaOH(0.2 mol/L)和10 g SDS(1%)加水定容至1 000 mL,溶液Ⅱ最好是现用现配。

溶液Ⅲ(Solution Ⅲ)：分别称取295 g KAc(3 mol/L)和115 mL冰乙酸,加水定容至

1 000 mL，调 pH 至 4.8。

70%乙醇：取 700 mL 无水乙醇和 300 mL 水混匀即可。

RNase(20 μg/mL)：取 RNase 干粉 20 μg，直接加入 1 mL 水稀释溶解。

【实验步骤】

1. 细菌收集、裂解和中和

吸取 1.5 mL 大肠杆菌菌液，10 000 r/min 离心 1 min，去上清液，若菌体量不足，可重复一次。

在离心管中加 100 μL 预冷的溶液Ⅰ，振荡重悬沉淀的菌体。

在离心管中继续加入 200 μL 新配制的溶液Ⅱ，盖紧管口，立即温和翻倒离心管 5～6 次，静置 3～5 min，不可超过 5 min。加入溶液Ⅱ后液体应由混浊变为透明黏稠，可见拉丝现象。若没有上述现象发生，则实验不能继续下去，应检查试剂配制及操作是否有误，然后重新开始。

在离心管中再继续加入 150 μL 溶液Ⅲ，盖紧管口，颠倒 5～6 次混匀，静置 5 min。

2. 质粒 DNA 分离与纯化

将已依次加入溶液Ⅰ、溶液Ⅱ和溶液Ⅲ的离心管 12 000 r/min 离心 10 min。小心吸取上清液(约 450 μL)于另一个干净的 1.5 mL 离心管中，加等体积氯仿(450 μL)，剧烈振荡混匀，12 000 r/min 离心 10 min。

取上清液约 400 μL 于另一个干净的 1.5 mL 离心管中，加两倍体积(800 μL)的预冷的无水乙醇，于－20℃沉淀 30 min。12 000 r/min 离心 10 min，弃上清液。在离心管底部的质粒 DNA 使用 70%乙醇洗一次。在将 70%乙醇倒出时，应注意离心管底部的质粒 DNA 不要随乙醇一同倒出。

打开离心管盖子，并置于 50℃培养箱中干燥约 5 min。注意要使离心管中的乙醇挥发完全。

在离心管中加 20～30 μL 含 RNase(20 μg/mL)的无菌水，于 37℃溶解(消化) 30 min，若暂时不用，保存于－20℃备用。

【问题与思考】

1. 质粒提取的关键步骤是哪几步？为什么？
2. 提取质粒 DNA 应注意哪些问题？

【作业】

1. 质粒 DNA 提取实验中溶液Ⅰ、溶液Ⅱ、溶液Ⅲ各有什么作用？
2. 简述碱裂解法提取质粒的基本原理。

实验 13　质粒载体 DNA 的限制性内切酶酶切

【实验目的】

1. 掌握采用限制性内切酶酶切 DNA 的原理和操作方法。
2. 了解限制性内切酶酶切 DNA 的各种影响因素。

【实验原理及预备知识】

限制性内切酶是生物体内能识别并特异切割双链 DNA 序列的一种内切核酸酶，可以将外来的 DNA 切断，即能够限制异源 DNA 的侵入并使之失去活力，但对自己的 DNA 却无损害作用，这样可以保护细胞原有的遗传信息。这种切割作用是在 DNA 分子内部进行的，故名限制性内切酶（简称限制酶）。限制性内切酶在切割 DNA 链时，总是水解核苷酸 3′和 5′-磷酸二酯键的 3′位磷酸酯键，使产物的 5′端带磷酸单酯基团，而 3′末端则为游离羟基。

表 13－1　限制性内切酶的分类特征

类　别	识 别 位 点	切 割 位 点	是否需用 ATP
Ⅰ型	非对称	不特异，在识别位点 1 000 bp 外	需要
Ⅱ型	主要为 4～6 bp，大多数为回文对称结构	特异，在识别位点中	不需要
Ⅲ型	5～7 bp，非对称	不特异，在识别位点下游 24～26 bp	需要

限制性内切酶有 3 种类型，Ⅰ型、Ⅱ型和Ⅲ型（表 13－1）。目前在研究中使用的主要是Ⅱ型限制性内切酶。绝大多数Ⅱ型限制酶识别脱氧核苷酸长度为 4～6 bp，具有双轴对称性结构或称回文序列，有少数酶识别更长的脱氧核苷酸序列或简并序列。Ⅱ类酶的切割位点在识别序列中，有的在对称轴处切割，产生平末端的 DNA 片段（如 *Sma* Ⅰ：5′- CCC↓GGG - 3′）；有的切割位点在对称轴一侧，产生带有单链突出末端的 DNA 片段，称之为黏性末端（如 *Eco*R Ⅰ：5′- G↓AATTC - 3′）。

不同限制性内切酶对缓冲液中盐浓度的最适要求各不相同，可分为高、中、低盐 3 种类型。要使限制性内切酶发挥较好的酶切效果，需要将限制性内切酶置于其最适盐浓度的缓冲液环境中进行反应。在实验操作中如需要采用两种不同的限制性内切酶消化 DNA，且两种酶所需的最适盐浓度相同，可以将两种酶放置在一个环境中进行酶切反应；但如果两种酶最适盐浓度不同，就必须先用低盐浓度的限制性内切酶消化，再将酶切环境调整到高盐缓冲液中，加入高盐浓度的限制性内切酶继续消化。

在进行酶切实验时，通常需要同时考虑载体和目的基因的特性，选择合适的限制性内切酶。本实验选择 pCAMBIA1304 载体（图 13－1）作为模板，*Bgl*Ⅱ和 *Bst*EⅡ两种限制酶进行酶切。内切酶 *Bgl*Ⅱ能识别 6 个连续碱基的靶序列，*Bst*EⅡ能识别 6 个不连续碱基的靶序列，它们的剪切方式如下。

Bgl **Ⅱ AGATCT**
TCTAGA

Bst**EⅡ GGTNACC**
CCANTGG

该载体经过双酶切后,可产生长度为 9.8 kb 和 2.5 kb 两条线性的 DNA 分子。

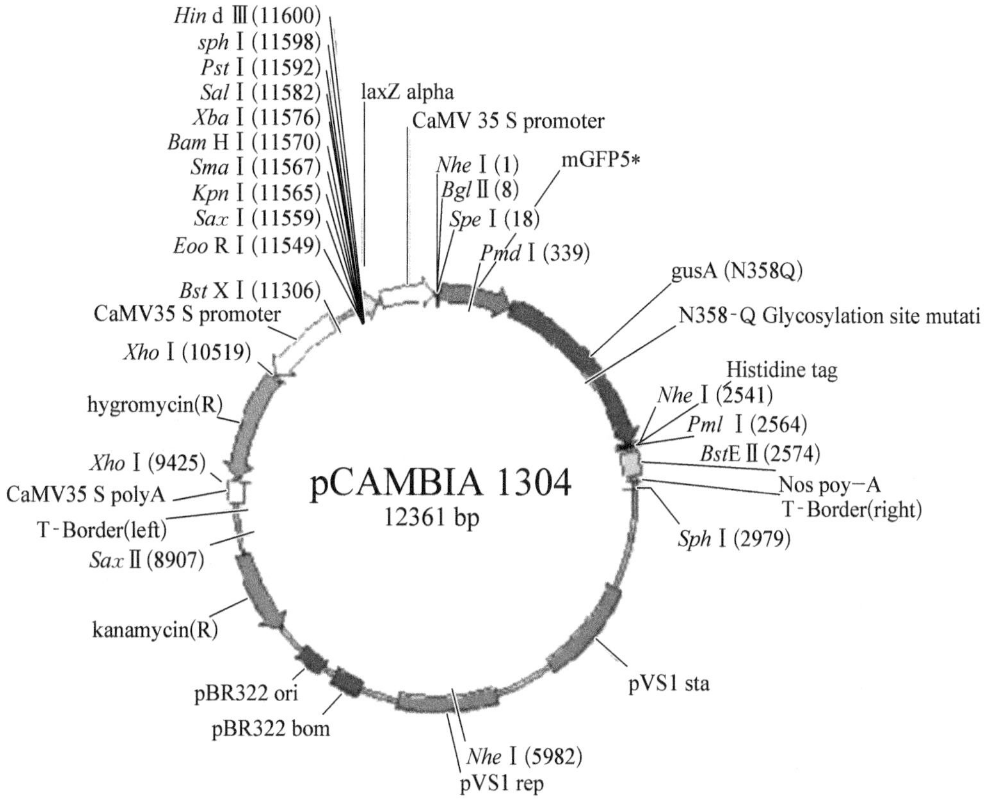

图 13-1　pCAMBIA1304 载体图谱

【实验用品】

1. 材料

质粒或目的基因(DNA)。

2. 用具

不同规格的移液器和配套吸头,0.2 μL Eppendorf 管,微量离心机,泡沫塑料板,恒温水浴锅等。

3. 药品

双蒸水,10×Buffer,*Bgl* Ⅱ和 *Bst*EⅡ两种限制性内切酶。

【实验步骤】

1. 配制酶切反应体系

由于酶切体系为 30 μL,先根据下表计算出需要补充双蒸水的体积,然后取 1 个 200 μL 离心管,按照双蒸水、10×Buffer、质粒或基因(DNA)、两种内切酶的加样顺序,配制酶切反应体系。

试　　剂	取 样 体 积
10×Buffer	3.0 μL
质粒或基因(DNA)	10.0 μL(约 1 μg)
Bgl Ⅱ	1.0 μL(1 U)
*Bst*E Ⅱ	1.0 μL(1 U)
双蒸水	补充至总体积为 30 μL

使用工具酶的操作必须在冰浴条件下进行,使用后剩余的工具酶应立即放回冰箱。

2. 酶切反应

配制好酶切反应体系后,用手指轻弹离心管管壁使溶液充分混匀,用微量离心机离心 15 s。

将离心管置于泡沫塑料板上,在最适反应温度(一般为 37℃)下反应 2～4 h。如果酶切样品是 PCR 产物,需要过夜,使酶切完全。

3. 酶切产物的预检

取 5 μL 反应液与 2 μL 上样缓冲液混合,采用琼脂糖凝胶电泳,对酶切效果进行预检。根据本实验使用 pCAMBIA1304 载体作为酶切样品,在采用 *Bgl* Ⅱ 和 *Bst*E Ⅱ 消化后,琼脂糖凝胶上应该出现9.8 kb 和2.5 kb 两条带(图 13-2)。

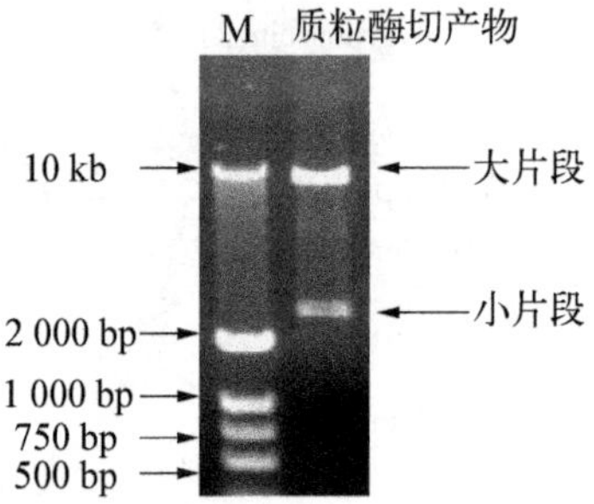

图 13-2　质粒 DNA 的酶切示意图

4. 终止酶切反应

待反应完全后,将离心管置于 65℃保温 10 min,灭活限制酶,终止酶切反应,以进行下一步操作。

【问题与思考】

1. 细菌细胞具有的限制性内切酶,为什么不会对自己的 DNA 发生切割作用?
2. 影响限制性内切酶酶切的因素有哪些? 在使用限制性内切酶时应注意哪些问题?
3. 如果在使用限制性内切酶反应时,不慎将某一物质添加过多,应如何进行处理?

【作业】

1. 分析可能影响内切酶作用的各种因素。
2. 简述Ⅱ类限制性内切酶的命名与写法以及在基因工程中的作用及特点。

实验 14　PCR 技术扩增 DNA

【实验目的】

1. 学习 PCR 法体外扩增 DNA 的原理及操作方法。

2. 了解扩增过程中各因素对扩增结果的影响。

【实验原理及预备知识】

PCR 技术即通过酶促反应在体外成百万倍地扩增一段目的基因，它是基于位于待扩增目的基因两端的两个引物(primer)与该目的基因序列退火而后延伸最终达到扩增的目的。PCR 技术实际上是在 DNA 模板、Mg^{2+}、引物和 4 种核苷酸底物存在的条件下，由 *Taq* 酶进行的酶促反应。PCR 反应包括变性，退火，延伸三个基本步骤(图 14-1)。

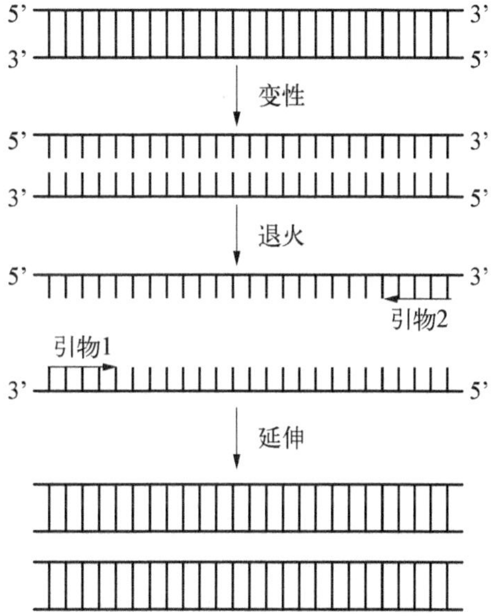

图 14-1　PCR 循环过程示意图

PCR 的三个反应步骤循环进行，使 DNA 扩增量呈指数上升。反应最终产生的 DNA 扩增量可用公式 $Y=(1+X)^n$ 计算。Y 表示 DNA 片段扩增后的拷贝数，X 表示平均每次的扩增效率，n 表示循环次数。从这个公式可以计算得出，在扩增效率为 100%，即 $X=1$ 的情况下，DNA 的扩增量即为 2^n，也就表示说，如果一个 PCR 实验的循环数为 40 时，最终由 1 个 DNA 分子扩增将得到的 2^{40} 个 DNA 分子。平均扩增效率的理论值为 100%，但在实际反应中平均效率达不到理论值。反应初期，靶序列 DNA 片段的增加呈指数形式，随着 PCR 产物的逐渐积累，被扩增的 DNA 片段不再呈指数增加，而进入线性增长期或静止期，即出现“停滞效应”，这种效应称为平台期。

PCR 的扩增条件包括温度、时间和循环次数，其中退火温度和延伸时间是影响 PCR 的关键因素。

1. 退火(复性)温度

变性后温度快速冷却至 40～60℃，可使引物和模板发生结合。由于模板 DNA 比引物复杂得多，引物和模板之间的碰撞结合机会远远高于模板互补链之间的碰撞。退火温度与时间，取决于引物的长度、碱基组成及其浓度，还有靶基序列的长度。对于 20 个核苷酸，G+C 含量约 50%的引物，将 55℃设为选择最适退火温度的起点较为理想。引物的复性温度可通过以下公式计算：

$$T_m\text{ 值(解链温度)}=4(G+C)+2(A+T)$$

$$复性温度=T_m 值-(5\sim10℃)$$

在 T_m 值允许范围内，选择较高的复性温度可大大减少引物和模板间的非特异性结合，提高 PCR 反应的特异性。复性时间一般为 30～60 s，足以使引物与模板之间完全结合。

2. 延伸时间

PCR 反应的延伸温度一般选择在 70～75℃，常用温度为 72℃，过高的延伸温度不利于引物和模板的结合。PCR 延伸反应的时间，可根据待扩增片段的长度而定，一般 1 kb 以内的 DNA 片段，延伸时间 1 min；3～4 kb 的靶序列需 3～4 min；扩增 10 kb 需延长至 15 min。延伸时间过长会导致非特异性扩增带的出现。对低浓度模板的扩增，延伸时间要稍长些。

循环次数决定 PCR 扩增程度。PCR 循环次数主要取决于模板 DNA 的浓度。一般循环次数选在 30～40 次，循环次数越多，非特异性产物的量亦随之增多。

【实验用品】

1. 用具

不同量程的移液器和配套吸头，耐热 0.5 μL Eppendorf 管，PCR 扩增仪，微型离心机等。

2. 药品

不同来源的模板 DNA，引物，*Taq* 酶，10×缓冲液，$MgCl_2$（25 mmol/L），dNTP（2.5 mmol/L），双蒸水等。

【实验步骤】

1. 配制 PCR 反应体系

根据 50 μL PCR 总反应体系和下表计算出需要补充双蒸水的体积。

取 1 个 500 μL 离心管，先加入需要补充的双蒸水体积，然后按照下表所列试剂内容及体积依次加入 10×缓冲液、$MgCl_2$、dNTP、引物、模板和酶。

配制 PCR 反应体系要最后加酶，如将酶直接加入到 10 倍浓缩缓冲液中，会引起酶的严重失活。

试　　剂	取 样 体 积
双蒸水	补充至总体积为 50 μL
10×缓冲液	5 μL
25 mmol/L $MgCl_2$	4 μL
2.5 mmol/L dNTP	4 μL
10 μmol/L 引物 1	2 μL
10 μmol/L 引物 2	2 μL
模板 DNA	2 μL(100 ng)
Taq 酶	1 U

使用工具酶的操作必须在冰浴条件下进行，使用后剩余的工具酶应立即放回冰箱。加完样后用手指轻轻弹击管侧壁，使液体混匀，然后瞬时离心使反应液体沉积于管底。如条件允许，以上操作最好在超净工作台内进行，一次性手套和移液枪等应在使用前放在工

作台内用紫外灯灭菌。

2. DNA 片段扩增

设置如下反应程序：

温　度	反　应	时　间	循环次数
94℃	预变性	5 min	
94℃	变性	40 s	30 个循环
55℃	退火	40 s	30 个循环
72℃	延伸	45 s	30 个循环
72℃	延伸	10 min	

设置 PCR 反应程序时要注意时间、温度、循环次数的准确性。将加样后的离心管在 PCR 仪(图 14－2)上进行循环扩增。

图 14－2　PCR 仪

【问题与思考】

1. 反应中的影响因素主要有哪些?

2. 降低退火温度、延长变性时间对反应有何影响? PCR 循环次数是不是越多越好?

【作业】

1. 实验过程中如果没有获得 PCR 产物,请分析原因,并设计实验进行排查。

2. 在反应程序中,最有可能导致非特异性扩增的过程是哪一步? 有哪些原因?

实验15 用琼脂糖凝胶电泳法进行DNA片段的分离和纯化

【实验目的】

1. 学习和掌握从琼脂糖凝胶中回收目的DNA片段的方法。

2. 了解从琼脂糖凝胶中回收DNA的影响因素。

【实验原理与预备知识】

在基因工程和分子生物学研究中，经常需要将酶切、PCR等实验后产生的DNA片段从琼脂糖凝胶中进行纯化回收，去除杂质并对DNA片段进行浓缩。从琼脂糖凝胶中回收纯化的DNA，可直接用于各种下游实验，包括测序、限制性酶切、连接、标记、显微注射、PCR和体外转录等。

从琼脂糖凝胶中回收目的DNA片段有多种方法，传统的方法主要是低熔点琼脂糖法。实验室常用的琼脂糖有两种，常熔点和低熔点。低熔点琼脂糖是一种熔点为62～65℃的琼脂糖衍生物，一旦熔化，便可以在37℃条件下保持液体状态达数小时，而在25℃条件下也可以保持液体状态约10 min。使用低熔点琼脂糖分离纯化DNA的具体操作，是将待回收的DNA样品经电泳进入低熔点琼脂糖凝胶中，然后直接切割取出含有样品的凝胶并置于离心管中，于65℃水浴加热几分钟使其熔化，然后向液态胶中加入适量酚液抽提DNA，经离心分相，其上相液中即含有除去了琼脂糖的DNA样品。如含有DNA的低熔点琼脂糖凝胶在37℃熔解后，可直接采用限制性内切进行酶切处理。

尽管利用低熔点琼脂糖回收目的DNA片段有许多突出的优点，但是，它的价格明显比常熔点琼脂糖昂贵得多。利用柱回收试剂盒，可对常熔点琼脂糖凝胶进行目的DNA片段的回收，而且操作方法非常简单。利用柱回收试剂盒能够从常熔点琼脂糖凝胶中回收DNA，首先要使用溶胶液在大约50℃环境中将含有DNA的常熔点琼脂糖凝胶快速溶化成液体状态，将所需回收的DNA片段从凝胶中释放出来，再利用能够高效、专一性结合DNA的硅基质为材料制备的柱子回收DNA，同时除去蛋白质、其他有机化合物、无机盐离子及寡核苷酸引物等杂质。

有较多因素会影响从凝胶中回收目的DNA片段的效率。首先在进行电泳分离待回收的DNA样品时，采用的电泳的缓冲液和凝胶应都是新制的，因为旧的电泳缓冲液pH会增加从而降低DNA的回收产量。

切胶的台子要清理干净，刀片最好洗净灭菌，从而防止外源DNA的污染。同时，进行DNA切割时，DNA在紫外灯下曝光的时间也要尽量短。

在进行切胶回收DNA片段时，虽然是要把整个目的片段所在位置的凝胶全部割下，但也要尽量去除多余的不含DNA片段的凝胶。因为过多凝胶残留会影响到DNA片段的回收效率。为了减少凝胶的体积，我们在电泳时，可以用相对薄的胶进行电泳。

在使用溶胶液处理凝胶时，一定要使凝胶彻底溶解后，再进行后续操作。另外，含目的片段的胶块被切割后如不能立即进行回收操作，应将胶块保存在 4℃或－20℃冰箱中，以避免因在空气中放置过久，使胶块失水、干燥，从而影响凝胶在溶胶液中的溶解。

采用柱回收试剂盒分离 DNA 时所使用的常熔点琼脂糖，对质量也有一定的要求。如琼脂糖质量较差，在处理过程中，凝胶可能会溶解不彻底。

【实验用品】

1. 材料

已含有待回收 DNA 样品的 1%琼脂糖凝胶。

2. 用具

水平电泳槽、一次性手套、保鲜袋、离心管(使用前需要经过高温灭菌，干燥后备用)、水浴锅、高压灭菌锅、紫外分析仪、不同规格微量移液器及配套吸头、电泳仪，柱式 DNA 胶回收试剂盒[购自上海生工生物工程技术服务有限公司，试剂盒内分别含有如下物品：溶胶液(Buffer B2)、清洗液(Wash solution)和洗脱液(Elution buffer)各一瓶。塑料包装袋中含有吸附柱和收集管的纯化套件。试剂盒第一次使用时，需要在清洗液中加入适量无水乙醇，使乙醇终浓度为 80%]。

【实验步骤】

1. 溶胶及 DNA 结合

先将一个干净的 1.5 mL 空离心管称重。然后使用干净的灭过菌的手术刀片，在紫外灯下，切割含有需要回收 DNA 片段的凝胶(图 15－1、彩图 15)，装入之前称重的 1.5 mL 离心管中，再次称重。计算出离心管中含有 DNA 片段凝胶的重量。

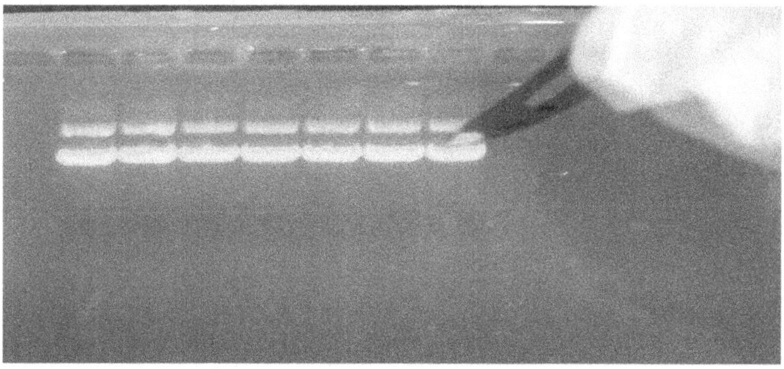

图 15－1　用手术刀片切割需要回收的目的 DNA 片段

加入 3 倍体积溶胶液(约每 1 mg 凝胶加入 3 μL 溶胶液)，盖紧离心管盖子。在 50℃水浴锅中放置 5～10 min，在此期间温和地上下翻转离心管(2～3 min 一次)。此步操作应尽量减少水浴处理的时间。在进行水浴处理之前，可使用牙签将胶割成小块。

在凝胶完全溶解之后，可通过观察凝胶与溶胶液混合物的颜色推测其 pH。如果是橙色或红色，说明 pH 较大。如果凝胶与溶胶液混合物 pH 大于 8 的话，回收 DNA 的产量将大大减少，需要加入 5 μL 浓度为 5 mol/L，pH 为 5.2 的醋酸钠，以调低其 pH。经过这一调节，该混合物的颜色可恢复为正常的浅黄色。一般情况下，使用新鲜的电泳缓冲液，凝胶与溶胶液混合物的 pH 不会升高。

将溶胶后的液体转移至吸附柱 CA2 中，室温放置 2 min，8 000 r/min 离心 1 min，弃废液。

一个吸附柱最多可容纳 700 μL 的溶液，如果凝胶与溶胶液混合物的体积大于 700 μL，可先转移 700 μL 溶液至柱子，离心弃废液后，将余下的溶液继续加入柱子内。但是每一个吸附柱最多可以结合 25～30 μg DNA。如果预期产量较大，则需要把样品分别加到合适数目的柱子中。

2. DNA 漂洗和干燥

将吸附柱重新套回收集管中，在吸附柱中加入 500 μL 漂洗液，10 000 r/min 离心 1 min，弃废液。

再次将吸附柱重新套回收集管中，用 500 μL 漂洗液清洗 DNA，10 000 r/min 离心 1 min，弃废液。

将吸附柱又重新套回收集管中，以 12 000 r/min 的速度离心 2 min，以甩干吸附柱内基质残余的乙醇液体。这一步操作对于得到高产量的 DNA 是十分重要的。

弃收集管。将吸附柱盖子打开，放在一个干净的培养皿中，于 50℃干燥 5 min。

3. DNA 收集

将吸附柱 CA2 放入一个干净的 1.5 mL 离心管中，在吸附柱 CA2 中加入 30 μL 经过 60℃预热的洗脱液，室温放置 2 min，12 000 r/min 离心 2 min。

如果再洗脱一次的话可以把吸附柱中残余的 DNA 洗脱出来，不过那样操作后得到的 DNA 浓度就会较低。也可以将离心管底部第一次收集的洗脱液再次加到吸附柱 CA2 中，12 000 r/min 离心 2 min 进行再次洗脱，这样收集到的洗脱液浓度将不会降低。

将离心管中纯化的 DNA 产物，保存于－20℃冰箱中备用。

如要了解被回收 DNA 样品的纯度和浓度，也可以取少量回收产物稀释一定的倍数后，利用紫外分光光度计分别在 260 nm 和 280 nm 下，进行检测。回收得到的 DNA 的浓度可以按如下公式进行计算：

DNA 浓度(μg/mL)＝260 nm 的 OD 值×50×稀释倍数。

长度大于 500 bp 的片段通常能纯化得到 80％的产量。而 50～500 bp 的条带一般可达到 55％～80％的回收率。

【问题与思考】

1. 有哪些因素会对从凝胶中回收 DNA 的效果产生影响？
2. 在基因工程研究中，在哪些方面会用到从凝胶中回收 DNA 的操作？

【作业】

1. 叙述本实验中用到的各种试剂的作用。
2. 被回收 DNA 的分子量大小是否会对 DNA 的回收率产生影响？

实验 16　琼脂糖凝胶电泳检测 DNA

【实验目的】

1. 学习和掌握用琼脂糖凝胶电泳进行 DNA 检测的方法。

2. 了解电泳过程中各种因素对结果的影响。

【实验原理与预备知识】

1809 年，Reuss 完成了世界上第一次琼脂糖电泳实验。1959 年，Raymond 和 Weintraub 利用人工合成的凝胶作为支持介质，创建了聚丙烯酰胺凝胶电泳，极大地提高了电泳技术的分辨率。目前，凝胶电泳已成为基因工程及分子生物学研究的重要手段。

琼脂糖凝胶和聚丙烯酰胺凝胶是目前电泳操作中两种最重要的介质。尽管聚丙烯酰胺凝胶电泳比琼脂糖凝胶电泳具有更强的分辨率(目前更多地被用于蛋白质以及小分子核酸的分析和纯化中)，但是琼脂糖凝胶电泳操作更为简便，目前大多数 DNA 和 RNA 的分离及纯化仍采用琼脂糖凝胶电泳技术。

电泳主要是指带电颗粒在电场的作用下发生迁移的过程。许多重要的生物分子，如氨基酸、多肽、蛋白质、核苷酸、核酸等都具有可电离基团，它们在某个特定的 pH 下可以带正电或负电，在电场的作用下，这些带电分子会向着与其所带电荷极性相反的电极方向移动。核酸的等电点偏酸，当处于电泳条件(pH＝8)时，核酸链上带有负电荷，在电场力的作用下会向正极泳动。

琼脂糖凝胶电泳原理与其他支持物电泳还不完全相同，最主要区别是它兼有“分子筛”和“电荷”的双重效应。因此，不同分子量以及相同分子量但构型不同的核酸在琼脂糖凝胶电泳中都能够被分离开。对于琼脂糖凝胶电泳，浓度通常在 0.5%～2%。低浓度胶可进行大片段核酸的分离，高浓度胶适合小片段核酸分离。低浓度胶容易碎，操作时需特别小心。

电泳装置主要包括两个部分：电源仪和电泳槽。通过电源仪在电泳槽中产生电场，驱动带电分子的迁移。电泳槽可分为垂直式和水平式两类。垂直板式电泳槽常用于聚丙烯酰胺凝胶电泳。琼脂糖凝胶电泳则采用水平式电泳槽，凝胶被铺在水平的塑料板上，然后直接浸入缓冲液中。

由于 pH 的改变会引起带电分子电荷的变化，进而影响其电泳迁移速度，所以电泳过程应在适当 pH 的缓冲液中进行，缓冲液可以保持待分离样品带电性质的稳定。琼脂糖凝胶电泳常用的缓冲液有 TAE 和 TBE，TBE 比 TAE 具有更好的缓冲能力。电泳时使用新制的缓冲液可以明显提高电泳效果。使用过多次的电泳缓冲液，离子强度降低，pH 上升，缓冲性能下降，可能使核酸电泳产生条带模糊和不规则的核酸带迁移的现象。除了缓冲液 pH 和离子强度会影响琼脂糖凝胶电泳的效果，核酸分子的大小和构象、琼脂糖浓度、电源电压和电流、电泳温度、嵌入核酸的染料等也都会影响琼脂糖凝胶电泳的效果。

溴化乙锭(简称 EB)是一种高度灵敏的荧光染色剂，经紫外光透射仪激发可放射出橙红色信号。由于溴化乙锭可以嵌入核酸碱基分子中，因此，在对核酸进行琼脂糖凝胶电泳时加入溴化乙锭染料，然后将电泳后的凝胶放在紫外灯下观察，就可见到橙红色的核酸条带。许多人认为溴化乙锭是强诱变剂，具有致癌性，因为它在嵌入 DNA 碱基分子中会导致错配。因此溴化乙锭具有一定的毒性，不仅在操作时要做好防护，在实验结束后，也应该对含溴化乙锭的溶液进行净化处理后再行弃置，以避免污染环境和危害人体健康。

GelRed 是一种灵敏、稳定和相对安全的荧光核酸染色试剂，它可以替代溴化乙锭，用于琼脂糖凝胶或聚丙烯酰胺凝胶中核酸的染色。

【实验用品】

1. 材料

实验 15 中回收纯化的 DNA 产物以及未纯化的 DNA 样品、标准分子量 DNA。

2. 用具

不同规格微量移液器及配套吸头(使用前需高压灭菌，并干燥备用)、一次性手套、水浴锅、高压灭菌锅、电泳仪、水平电泳槽(图 16－1)。

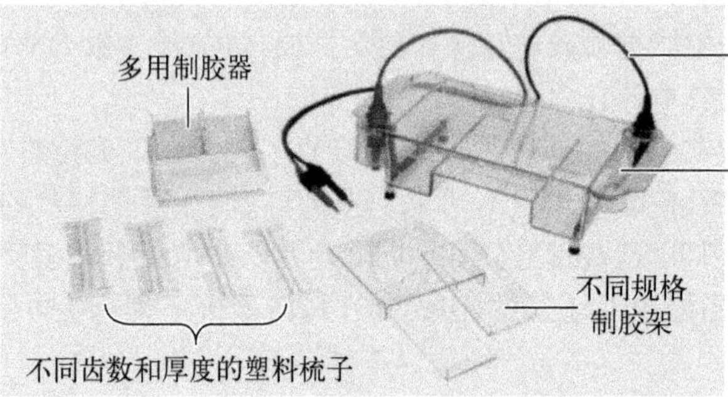

图 16－1　多功能水平电泳槽

3. 药品及试剂配制

(1) TAE 或 TBE 电泳缓冲液

TAE(Tris－乙酸缓冲液)：先配制 50×储存液，配方为 242 g Tris、57.1 mL 冰乙酸、100 mL 0.5 mol/L EDTA(pH 8.0)。使用时，将 50×储存液稀释至 1×的使用液(0.04 mol/L Tris－乙酸、0.001 mol/L EDTA)。

TBE(Tris－硼酸缓冲液)：先配制 5×储存液，配方为 54 g Tris、27.5 g 硼酸、20 mL 0.5 mol/L EDTA(pH 8.0)。使用时，将 5×储存液稀释至 0.5×的使用液(0.045 mol/L Tris－硼酸、0.001 mol/L EDTA)。

(2) DNA 显色剂

溴化乙锭(EB)显色剂：称取溴化乙锭 10 mg，加 1 mL 双蒸水溶解，配制成10 mg/mL 母液，用铝箔纸或黑纸避光包裹，于室温储存。

Gelred 显色剂：10 000×储液。

(3) 6×上样缓冲液

先称取 40 g 蔗糖，加 100 mL 双蒸水溶解，配制成 40%蔗糖水溶液，然后称取 0.25 g 溴酚蓝，加入到 100 mL 40%蔗糖水溶液中，混匀，于 4℃保存。

【实验步骤】

1. 准备制胶装置

选择并清洗合适规格的制胶架，将制胶架放入与其配套的多用制胶器中，将选择好的塑料梳子也插入多用制胶器上。

2. 配制 1%琼脂糖凝胶

称取 0.8 g 琼脂糖，置于 250 mL 锥形瓶中，加入 80 mL 1×TAE 或 0.5×TBE 缓冲液，瓶口上倒扣小烧杯。在微波炉中加热煮沸至琼脂糖全部溶解，取出后摇匀。加热过程中也要不时摇动锥形瓶，使附于瓶壁上的琼脂糖颗粒进入溶液。

当琼脂糖溶液冷却至 50～60℃(锥形瓶表面感觉稍烫手但可忍受)时，加入溴化乙锭(EB)母液(10 mg/mL)，使其终浓度为 0.5 μg/mL，或按照每 100 mL 加入 10 μL Gelred 10 000×储液替代 EB，迅速摇匀锥形瓶后，快速将琼脂糖溶液倒入准备好的制胶装置中(图 16-2)。琼脂糖凝胶厚度控制在 3～5 mm。倒胶时要避免产生气泡，若有气泡可用吸管小心吸去。也可不把 EB 或 Gelred 加入凝胶中，而是电泳后再用 0.5 μg/mL 的 EB 溶液或3×Gelred 染色液(在 45 mL 双蒸水中，加入 15 μL 10 000×Gelred 储液和 5 mL 1 mol/L NaCl，混匀)浸泡凝胶进行染色。

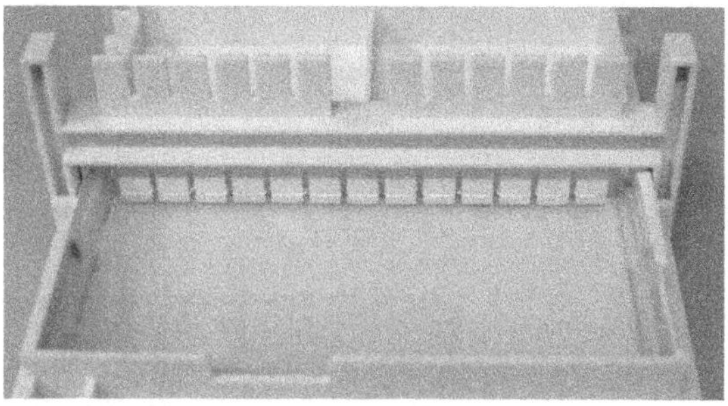

图 16-2 制胶

在室温下放置约 30 min，琼脂糖溶液会凝固成凝胶状态。小心拔去梳子，在凝胶中显出一排加样孔。将制胶架从多用制胶器中取出，放入电泳槽内的水平平台上。在电泳槽中倒入与制胶时使用的相同的电泳缓冲液，缓冲液需要超过胶面 0.5 cm。

3. 制样及点样

从冰箱中取出标准 DNA、实验 15 中回收纯化的 DNA 产物以及未纯化的 DNA 样品，溶化后进行制样。

将 6×上样缓冲液与一定量的 DNA 样品按照 1 μL∶5 μL 的比例于封口膜上混合，增加 DNA 样品的密度。标准 DNA 样品和未纯化的 DNA 样品各吸取 5 μL 与 6×上样缓冲液混合，实验 15 中回收纯化的 DNA 产物吸取 20 μL 与 6×上样缓冲液混合。

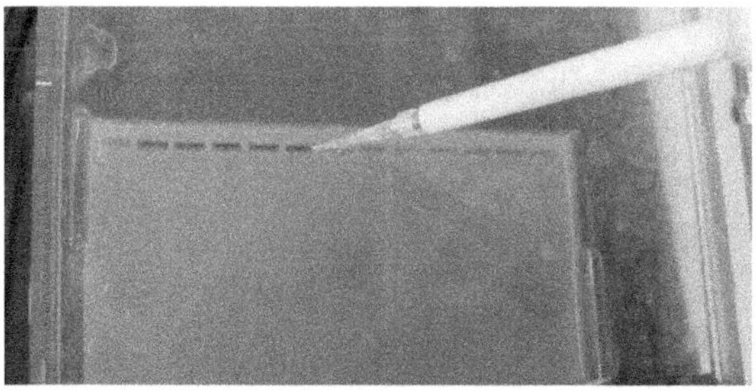

图 16-3 将混合后 DNA 样品注入加样孔

将混合后样品用微量移液器小心注入凝胶的加样孔中(图 16-3、彩图 16)。

每加完一个样品，应更换一个微量移液器吸头，以防样品之间的污染。注入 DNA 样品时，要将微量移液器吸头的尖端略微伸入加样孔中，但操作要小心，避免损坏凝胶或将加样孔底部凝胶刺穿。

4. 电泳

加样完成后，盖上电泳槽盖，将靠近

加样孔一处的电线与电泳仪负极连接，远离加样孔一处的电线与正极连接(注意正负极一定要连接正确)，立即接通电源。控制电压保持在 60～80 V，电流 40 mA 以上。

当溴酚蓝条带移动到距离凝胶前沿 1～2 cm 时，停止电泳。

5. 紫外观察并分析电泳结果

戴上一次性手套，将凝胶从电泳槽中取出，尽可能将所有的电泳缓冲液沥干。将凝胶放入凝胶成像系统的多功能样品操作室中(图 16－4)。打开紫外灯，通过凝胶成像系统操作软件，观察电泳结果。

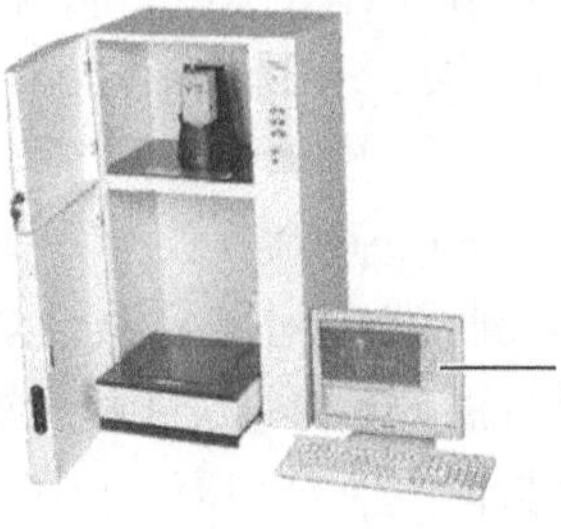

图 16－4　凝胶成像系统

在紫外灯下观察(图 16－5)，标注“M”的泳道为标准分子量 DNA 样品，标注“1、3、5、7、9、11、13”的泳道分别是不同实验小组在实验 15 中回收的 DNA 产物，标注“2、4、6、8、10、12、14”泳道是不同实验小组在实验 15 中未经回收的 DNA 样品。结果显示，回收产物分子量与原先回收条带分子量一致。在加样量一致的情况下，不同泳道回收 DNA 样品亮度不同说明，不同实验小组回收的 DNA 样品的回收率可能有差异。

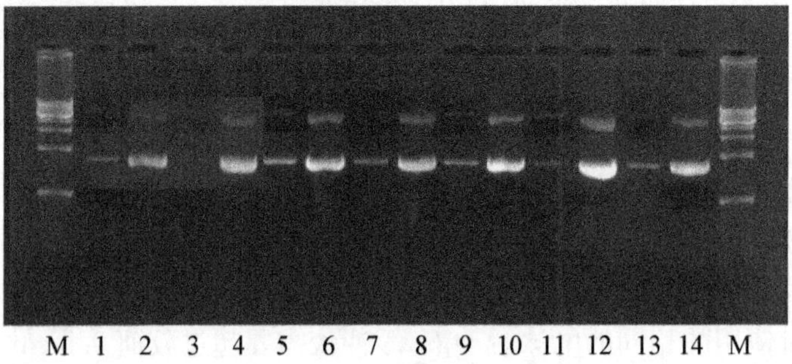

图 16－5　电泳实验结果观察

M：标准分子量 DNA；1、3、5、7、9、11、13：DNA 回收产物；2、4、6、8、10、12、14：未经回收的 DNA 样品

【问题与思考】

1. 有哪些因素可能会影响琼脂糖凝胶电泳？
2. TBE 和 TAE 两种电泳缓冲液分别具有什么特点？

【作业】

1. 分析可能影响琼脂糖凝胶电泳的各种因素。
2. 画出电泳图，并对所加样品在凝胶上显示的条带状态进行说明。

实验 17　DNA 片段的连接反应

【实验目的】

1. 掌握 T4 DNA 连接酶连接 DNA 的原理和操作方法。
2. 了解影响连接酶作用的各种因素。

【实验原理及预备知识】

DNA 片段的连接反应，本质上是一个酶促化学反应。T4 DNA 连接酶能催化双链 DNA 的 3′-OH 与 5′-P 末端之间生成磷酸二酯键，并能在不需要其他催化剂的条件下进行末端连接反应。T4 DNA 连接酶催化 DNA 连接反应分为三步，首先 ATP 与 T4 DNA 连接酶通过 ATP 的磷酸与连接酶中赖氨酸的氨基形成磷酸-氨基键而产生酶-ATP复合物；然后酶-ATP 复合物活化 DNA 链 5′端的磷酸基团，形成磷酸-磷酸键；最后 DNA 链 3′端的羟基活化并取代 ATP，与 5′端的磷酸根形成磷酸二酯键，并释放出 AMP，完成 DNA 之间的连接。本实验以 *Bgl* Ⅱ 和 *Bst*E Ⅱ 两种限制酶酶切后片段的连接为例，对 T4 DNA 连接酶所催化的连接反应过程进行简单(图 17－1)说明。

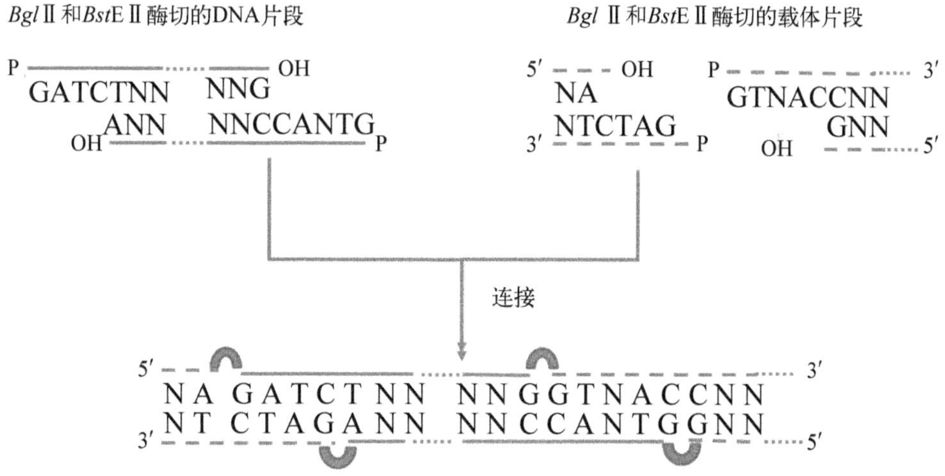

图 17－1　T4 DNA 连接酶的作用原理

连接反应温度在 37℃时最有利于连接酶的活性，但在这个温度下，黏性末端的氢键结合是不稳定的。因此在实际操作时，DNA 分子黏性末端的连接反应的温度，是采取催化反应与末端黏合的折中温度，为 12～16℃。对于平末端是不用考虑氢键问题的，可使用较高的温度，使酶活力得到更好的发挥。

进行 DNA 片段连接的方法有很多，主要有黏端连接法和平端连接法两类。具有相同黏性末端的 DNA 分子比较容易连接在一起，因为相同的黏性末端容易通过碱基配对氢键形成一个相对稳定的结构，连接酶利用这个相对稳定的结构，行使间断修复的功能。

本实验选择黏端连接法，对酶切后的质粒载体大片段和基因小片段进行连接。

【实验用品】

1. 材料

双酶切后的质粒 DNA、双酶切后目的基因 DNA 片段。

2. 用具

水浴锅、不同规格的移液器和配套吸头、0.2 μL Eppendorf 管，微量离心机，泡沫塑料板。

3. 药品

T4 连接酶、T4 连接酶缓冲液、双蒸水。

【实验步骤】

1. 配制连接反应体系

根据连接反应总体系为 20 μL，先计算需要补充双蒸水的体积。

取 1 个 0.2 μL 无菌 Eppendorf 管，按照双蒸水、10×Buffer、酶切后质粒 DNA、酶切后目的基因 DNA 片段、T4 DNA 连接酶的加样顺序，配制连接反应体系。每种试剂的用量可参考下表。

试　　剂	取 样 体 积
双蒸水	补充至总体积为 20 μL
10×Buffer	2.0 μL
酶切后质粒 DNA	3.0 μL
酶切后目的基因 DNA 片段	12.0 μL
T4 DNA 连接酶	2U

2. DNA 片段连接反应及灭活

配制好连接反应体系，用手指轻弹离心管管壁使溶液充分混匀，用微量离心机离心 15 s。

将离心管置于泡沫塑料板上，在 16℃保温 4 h 后，采用 65℃水浴 10 min 进行连接酶灭活反应。

判断连接是否成功有多种方法。如果在载体和目的基因 DNA 片段充足的条件下，可以在连接后采用电泳进行检测，如果连接成功，会出现一条与供体 DNA 片段相比相对滞后的重组 DNA 片段；也可以将重组后的 DNA 转化大肠杆菌，再通过提取质粒 DNA 进行重组 DNA 的鉴定。

【问题与思考】

DNA 连接的方法有哪些？

【作业】

1. 叙述 T4 DNA 连接酶的作用原理。
2. 分析可能影响连接酶作用的各种因素。

实验 18　大肠杆菌感受态细胞制备及遗传转化实验

【实验目的】

1. 学习和掌握采用 $CaCl_2$ 法制备大肠杆菌感受态细胞方法。

2. 学习和掌握将质粒 DNA 转化感受态大肠杆菌的操作。

3. 了解各种可能影响转化效率的因素。

【实验原理与预备知识】

利用大肠杆菌能够快速繁殖的特性，在基因工程载体构建操作中，一般都将构建的重组质粒载体先转入大肠杆菌中进行快速克隆，进行载体鉴定研究后，再转入需要遗传改良的受体生物的细胞中。因此，将质粒载体成功转入大肠杆菌细胞，是基因工程研究中非常重要的前期操作环节。

很多细菌，如肺炎双球菌，能够自然发生转化。而有些细菌，包括大肠杆菌，在自然状态下是无法发生转化的，但是可以通过人工诱导使其处在易于接受外源 DNA 分子的状态，即感受态，从而使转化得以高效率地进行。

将正在生长的大肠杆菌细胞在低温（0℃）下加到低渗 $CaCl_2$ 溶液中，就会造成大肠杆菌细胞膨胀，形成原生质球，由此就可人工诱导大肠杆菌成为感受态了。

感受态大肠杆菌能够同加入在转化混合物中的质粒 DNA 形成一种黏着在细胞表面上对 DNA 酶有抗性的羟基-钙磷酸复合物。当温度升为 42℃时，进行短暂热激处理，这种复合物便会被细胞所吸收。一般一个细胞只允许一个质粒 DNA 分子进入。因此，转化操作后的大肠杆菌细胞需要在完全培养基中生长一段时间，使转化质粒在细胞中的数量快速增加后，再涂布在选择性的培养基中即可分离转化子。在完全培养基中生长，还能够使球形的感受态细胞恢复成正常状态的大肠杆菌细胞。

在实验室中被选择制作成感受态细胞的大肠杆菌，都是经过改造的突变体菌株，如 DH5α 等。它们已丧失了限制体系，不会对导入的未经甲基化的 DNA 分子产生降解作用。

$CaCl_2$ 处理的感受态细胞的转化率，即 1 μg 质粒获得的转化子数，一般为 10^5～10^6。但是，转化率与转化质粒的大小和构型、感受态细胞的类型和状态以及转化方法有关。质粒越小，转化率越高；超螺旋状态的质粒所占比例越大，转化率越高。菌龄、预处理时间、感受态细胞的保存期及热激处理时间均是影响转化率的重要因素。

X-gal（5-溴-4-氯-3-吲哚-β-D-半乳糖苷）是β-半乳糖苷酶（β-galactosidase）的显色底物，在β-半乳糖苷酶的催化下会产生蓝色产物。IPTG（异丙基-β-D-硫代吡喃半乳糖苷）是一种作用极强的诱导剂，能够诱导细菌乳糖操纵子中β-半乳糖苷酶的合成。

pUC57 质粒载体与 DH5α 大肠杆菌在合成有功能的β-半乳糖苷酶方面具有互补作

用。因此，将 pUC57 质粒转化到 DH5α 大肠杆菌后，使大肠杆菌在同时含有 IPTG 和 X－gal环境中培养可呈现为蓝色菌落。

【实验用品】

1. 材料

DH5α 大肠杆菌菌株、pUC57 质粒。

2. 用具

接种环、三角涂布棒、不同规格微量移液器及配套吸头和离心管、酒精灯、酒精棉球、9 cm 培养皿（接种环、涂布棒、吸头、离心管和培养皿使用前需要高压灭菌，并干燥后备用）、超净台、冷冻离心机、低温冰箱、恒温摇床、水浴锅、高压灭菌锅、制冰机。

3. 药品及配制

LB 液体培养基：配制参见实验 12，配制后需高压灭菌。

LB 固体培养基：在 LB 液体培养基中加入 1.5%的琼脂，配制后需高压灭菌。

氨苄青霉素母液（100 mg/mL）：称取氨苄青霉素 100 mg，加双蒸水 1 mL。氨苄青霉素彻底溶解后，使用 0.45 μm 细菌过滤器过滤除菌后，放入 1.5 mL 离心管中于－20℃冰箱保存。

IPTG 母液（100 mg/mL）：称取 100 mg IPTG，加双蒸水 1 mL 溶解，使用 0.45 μm 细菌过滤器过滤除菌后，放入 1.5 mL 离心管中于－20℃冰箱存放。如室温保存可放置 1 个月。

X－gal 母液（40 mg/mL）：称取 50 mg X－gal，加 1.25 mL 二甲基甲酰胺（DMF）溶液溶解，放入 1.5 mL 离心管－20℃避光保存。

含有 100 μg/mL 氨苄青霉素、20 μg/mL IPTG 和 40 μg/mL X－gal 的 LB 固体选择培养基：灭菌后 LB 固体培养基在冷却至大约 50℃（三角烧瓶表面感觉稍烫手但可忍受）的，按照每 500 mL 培养基中加入 500 μL 氨苄青霉素母液（100 mg/mL）、100 μL IPTG 母液（100 mg/mL）和 500 μL 的 X－gal 母液（40 mg/mL）。充分摇匀后，分别倒入 9 cm 培养皿中。每个培养皿大约倒 40 mL 培养基。含有 X－gal 的培养基需 4℃避光保存，在 1～2 周内使用完毕。

0.1 mol/L $CaCl_2$：称取无水分析纯 $CaCl_2$ 1.11 g，加双蒸水定容至 100 mL。配制后需高压灭菌。

含有 15%甘油 0.1 mol/L $CaCl_2$：称取无水分析纯 $CaCl_2$ 1.11 g，量取甘油 15 mL，加双蒸水定容至 100 mL。配制后需高压灭菌。

【实验步骤】

所有操作必须在超净工作台上进行。

1. 大肠杆菌菌液制备

从－80℃冰箱中取出 DH5α 大肠杆菌，稍融化后，接种于 2 mL LB 液体培养基中，或从 LB 平板上用接种环（需要使用酒精灯烧红后冷却使用）挑取新活化的 DH5α 大肠杆菌，放入 2 mL LB 液体培养基中 37℃振荡（200 r/min）培养过夜。以 1%～2%的接种量（约 100 μL）接入 5 mL 37℃预热的 LB 培养基中，37℃振荡培养 3～4 h，使 OD_{600} 达到 0.2～0.3。

2. 大肠杆菌感受态细胞制备

取 10 mL 菌液，冰中冷却 10 min，4 000 r/min 离心 10 min(4℃)，弃上清液。用 4 mL 冰冷 0.1 mol/L $CaCl_2$悬浮细胞，冰中放置 25 min，4 000 r/min 离心 10 min(4℃)，弃上清液。用 1 mL 冰冷 0.1 mol/L $CaCl_2$悬浮菌体。

3. 大肠杆菌感受态细胞保存

如果制备的大肠杆菌感受态细胞不立即使用，可以将第二步操作中第二次离心获得的大肠杆菌感受态细胞用含有 15%甘油的 0.1 mol/L $CaCl_2$进行重悬，并按照每管 50～100 μL 的量分装到保菌管中，迅速于－80℃保存备用(甘油终浓度为 15%)。

4. 质粒转化大肠杆菌感受态细胞

取 50 μL 感受态细胞放入 1.5 mL 离心管中，加 1～2 μL pUC57 质粒 DNA，盖紧离心管盖子，冰上放置 30 min，42℃热激处理 2 min，0℃ 2 min，加 100 μL 37℃预热后的 LB 液体培养基(不含抗生素)，37℃振摇 45 min～1 h。

取 20 μL 大肠杆菌培养液，均匀滴加到含有氨苄青霉素、IPTG 和 X - gal 的平板上。使用高压灭菌或经过酒精灯烧红(图 18 - 1)再冷却的三角涂布棒将菌液均匀涂开(图 18 - 2)。尽量在超净台中吹干平板，盖上培养皿盖子，于 37℃培养过夜。先正向培养 1 h 后再倒置培养。

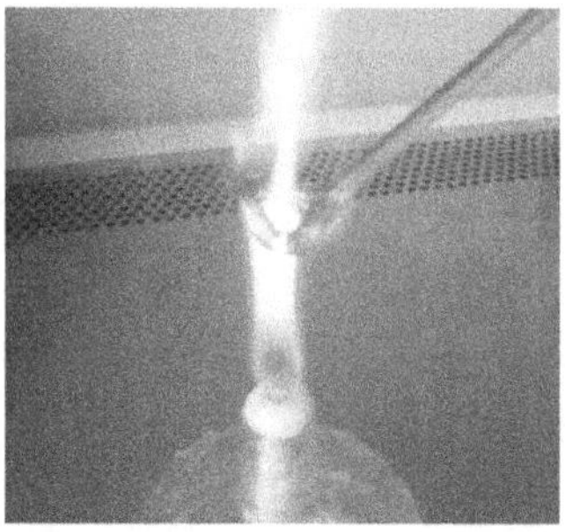

图 18 - 1　烧涂布棒

图 18 - 2　涂布平板

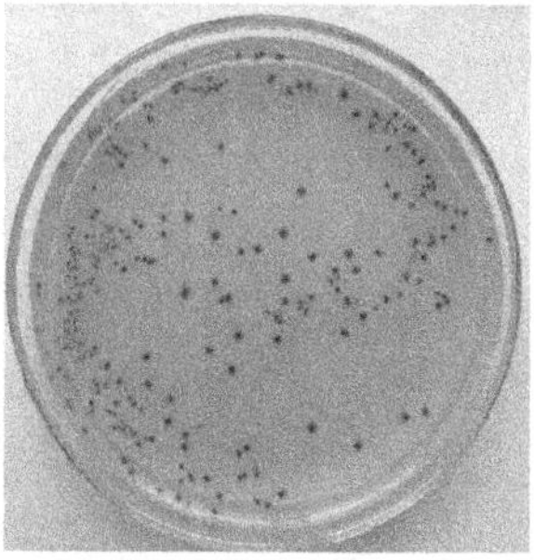

图 18 - 3　培养基平板表面长出蓝色菌落

5. 观察

培养 12～15 h 后观察，可看到培养基平板表面长出蓝色菌落(将平板放置在 4℃冰箱 3～4 h 后，可使菌落呈现出更明显的蓝色)(图 18 - 3、彩图 17)。

【问题与思考】

1. $CaCl_2$在制备大肠杆菌感受态细胞中有什么作用?
2. 在实验中，IPTG 和 X - gal 分别具有什么作用?

【作业】

1. 观察转化结果，并记录转化子数。
2. 在转化操作中，使用不含抗生素的 LB 液体培养基培养转化后的大肠杆菌有何作用?

实验 19　转基因水稻 β-葡萄糖醛酸糖苷酶基因表达产物的检测

【实验目的】

1. 掌握检测转基因植物中 GUS 表达活性的操作方法。
2. 掌握通过 GUS 阳性和阴性分离比推测外源基因整合的拷贝数的方法。

【实验原理与预备知识】

有些基因可以通过很便捷的方法检测其编码产物的表达活性，因此它们常被用来判断外源基因是否已经成功导入宿主细胞、器官或组织中。在转基因研究中，具有这样特性的基因，常被称为报告基因。报告基因是基因工程研究中的一类特殊基因。

在某些细菌中，存在编码 β-葡萄糖醛酸糖苷酶(GUS)基因(*gus*)。95%的大肠杆菌都具有β-葡萄糖醛酸糖苷酶基因，但是绝大多数的植物细胞及真菌都不具有内源 GUS 活性，而且 GUS 非常容易被检测，因而被广泛用于转基因植物和真菌的报告基因。尤其是在研究外源基因瞬时表达的转化实验中，应用最多。此外，*gus* 的 5′端和 3′端与其他基因融合后也能够正常表达，所产生的融合蛋白仍然会有 GUS 活性。这对于研究外源基因表达的具体细胞部位及组织部位，提供了非常方便的检测方法。

对于 GUS 报告基因检测常用的底物有 3 种：5-溴-4 氯-3 吲哚-β-D-葡萄糖苷酸酯(X-gluc)、4-甲基伞形酮酰-β-D-葡萄糖醛酸苷酯(4-MUG)和对硝基苯 β-D-葡萄糖醛酸苷(PNPG)。这 3 种底物分别用于不同的检测方法：组织化学法、荧光法和分光光度计法。其中分光光度法灵敏度最高，但是最为常用的是组织化学法。

把表达 β-葡萄糖醛酸糖苷酶的转基因受体组织与无色的 X-gluc 一起温育时，β-葡萄糖醛酸糖苷酶就会将反应体系中无色的 X-gluc 底物水解产生出深蓝色的 5-溴-4 氯靛蓝。利用 X-gluc 作为底物，通过显色反应可直接观察到组织器官中 *gus* 的表达活性。该方法不用将 *gus* 表达的 β-葡萄糖醛酸糖苷酶从组织中提取出来，而是使X-gluc底物进入到被测的组织材料中。因此，该方法也被称为组织化学染色定位法。

本实验将已经转化了 β-葡萄糖醛酸糖苷酶基因的水稻稻米切开，并置于无色的 X-gluc 溶液中，当采用 37℃保温 2 h 后，即可在稻米的切口面上观察到呈蓝色的现象(图 19-1、彩图 18)。非转基因植物中，β-葡萄糖醛酸糖苷酶及其所催化的反应几乎完全不存在。

在转基因操作中，大多外源基因以单份拷贝形式整合在受体生物的基因组中，但也有少量转基因受体生物基因组中，会整合两份或三份外源基因。整合外源基因拷贝数不同时，其后代是否继续含有外源基因后代的分离比是不同的。含有单份外源基因拷贝整合的转化子，其后代是否继续含有外源基因的分离比例为 3∶1；如含有两份外源基因拷贝整合的转化子，其后代是否继续含有外源基因的分离比例为 15∶1。这与普通遗传学研究中分别涉及一对基因和两对基因遗传的表现形式是完全相同的。

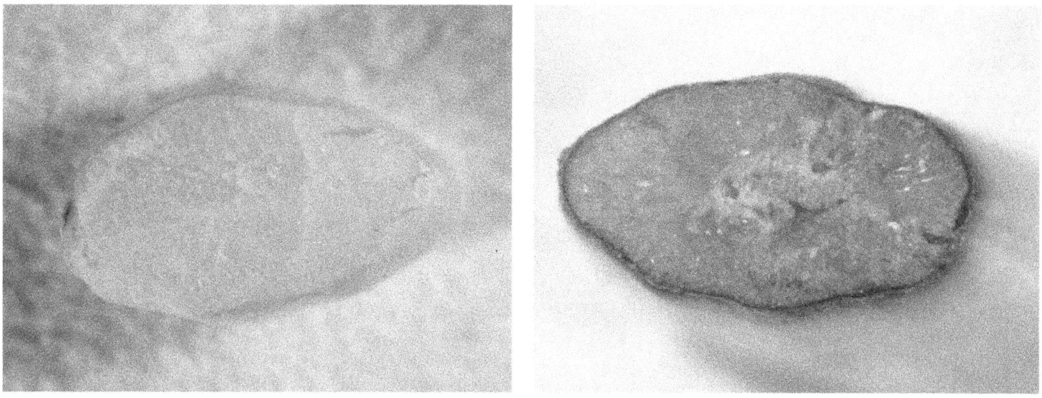

(a)　　(b)

图 19 - 1　非转基因水稻稻米(a)和转 GUS 报告基因水稻稻米(b)

【实验用品】

1. 材料

转 GUS 基因水稻稻米和非转基因水稻稻米。

2. 用具

刀片、连盖 96 孔板、不同规格微量移液器及配套吸头(吸头使用前需要高压灭菌,干燥后备用)、恒温培养箱。

3. 药品及配置

50 mmol/L 磷酸钠缓冲液：A 液：称取 $NaH_2PO_4 \cdot 2H_2O$ 3. 12 g,用双蒸水定容至 100 mL。B 液：称取 $Na_2HPO_4 \cdot 12H_2O$ 7. 17 g,用双蒸水定容至 100 mL。取 38. 5 mL A 液和 61. 5 mL B 液混合,即得到 50 mmol/L 磷酸钠缓冲液,调 pH 至 7. 0。

100 mL GUS 工作液：在 100 mL 50 mmol/L 磷酸钠缓冲液中加入如下药品：铁氰化钾 0. 016 5 g,亚铁氰化钾 0. 021 1 g,EDTA 0. 372 2 g,Triton X - 100 100 μL。

5 mg/mL X - gluc 母液：称取 5 mg X - gluc,用 1 mL 二甲基亚砜溶解。

GUS 染色液：按照如下比例配制 GUS 染色液：GUS 工作液 8 mL,甲醇 2 mL,X - gluc 母液200 μL。配制好的 GUS 染色液需要避光保存,可分装到不同的 1. 5 mL 离心管中,在离心管外用铝箔纸包裹于 4℃冰箱保存备用。

【实验步骤】

1. 剥取糙米

取转基因稻谷和对照稻谷各 24 粒,剥去颖壳。

2. 切取少量胚乳

各切下 1/4 胚乳,将 1/4 胚乳和余下 3/4 含胚糙米分别对应放置于两块 96 孔板中(图 19 - 2),加 X - gluc 染色液 8 μL(注意糙米切面要接触到

图 19 - 2　两块 96 孔板

X－gluc染色液)。

3．GUS 染色反应

将 96 孔板盖上盖子后，于 37℃培养箱中保温 2 h。

4．GUS 阳性、GUS 阴性计数，并计算比值

在糙米切口面呈蓝色为 GUS 阳性，呈白色为 GUS 阴性。

【问题与思考】

1．如何从 GUS 阳性和阴性分离比推测外源基因整合的拷贝数？

2．为什么在有些转基因糙米的切口处能够看到呈蓝色反应现象？

【作业】

1．目前在转基因植物研究中常用的报告基因还有哪些？

2．可采用哪些方法对 *gus* 报告基因进行检测？简要介绍相应的检测方法。

参考文献

陈永强.1979.植物组织DNA提取的一种快速方法.遗传,1(1):39－40.

陈综礼,延志莲.1994.果蝇培养基的选择研究.生物学杂志,59:31－33.

戴灼华,王亚馥,粟翼玟. 2008. 遗传学. 北京:高等教育出版社.

龚慧明. 2007. 果蝇培养基长霉的处理措施. 生物学教学,32(4):52.

李雅轩,赵昕. 2006. 遗传学综合实验. 北京:科学出版社.

刘祥林,聂刘旺.2005.基因工程.北京:科学出版社.

王金发,戚康标,何炎明,等. 2008. 遗传学实验教程. 北京:高等教育出版社.

吴乃虎.2001.基因工程原理(第二版).北京:科学出版社.

闫桂琴,王华峰. 2010. 遗传学实验教程. 北京:科学出版社.

杨大翔. 2004.遗传学实验. 北京:科学出版社.

钟卫红.2007.基因工程技术实验指导.北京:化学工业出版社.

Russell P J. 2002. iGenetics. San Francisco: Benjamin Cummings.

Strachan T, Read A P. 2004. Human Molecular Genetics. 3rd. New York: Garland Publishing.

J 萨姆布鲁克,E F 弗里奇,T 曼尼阿蒂斯.1998.分子克隆实验指南.北京:科学出版社.

魏群.2010.分子生物学实验指导.北京:高等教育出版社.

朱旭芬.2010.基因工程试验指导.北京:高等教育出版社.

王关林,方宏筠.2005.植物基因工程.北京:科学出版社.

郝福英,朱王贤,朱圣庚,等.1999.分子生物学实验技术.北京:北京大学出版社.

彩色图版

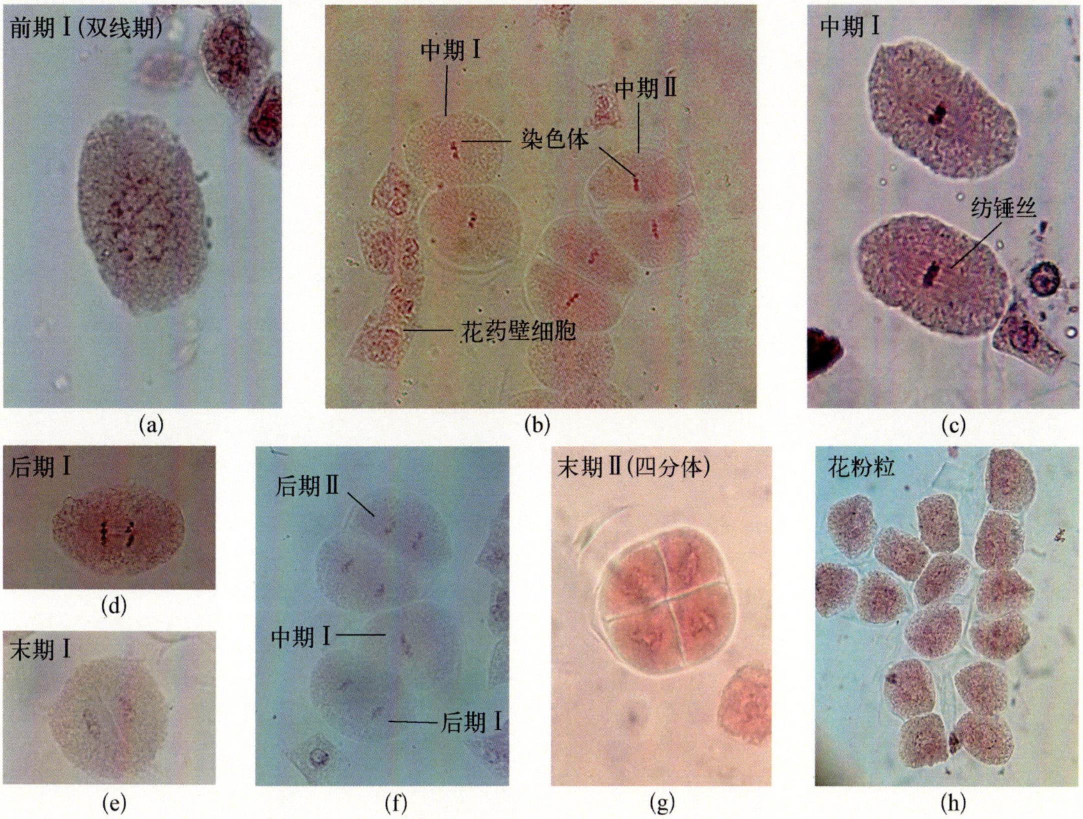

彩图1　比较容易观察到的玉米小孢子发育的各个时期(40×)

彩图2　雄果蝇前足性梳

左下角显示放大的性梳

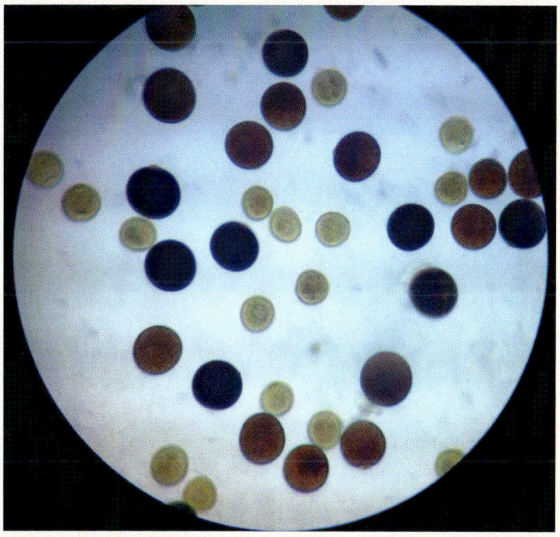

彩图3　粳糯杂交水稻 F_1 花粉粒（40×）

黄色为没有发育好的花粉粒

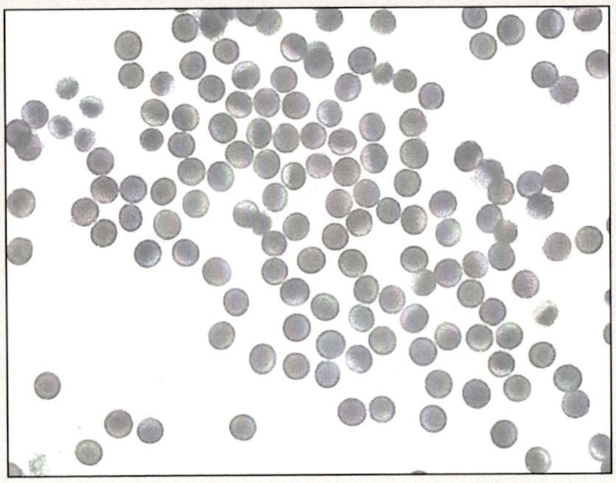

彩图 4　粳稻花粉粒

彩图 5　糯稻花粉粒

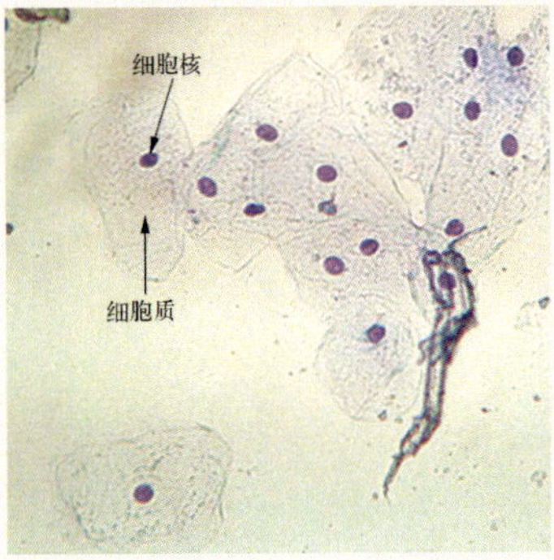

彩图 6　女性口腔上皮细胞 (40×)

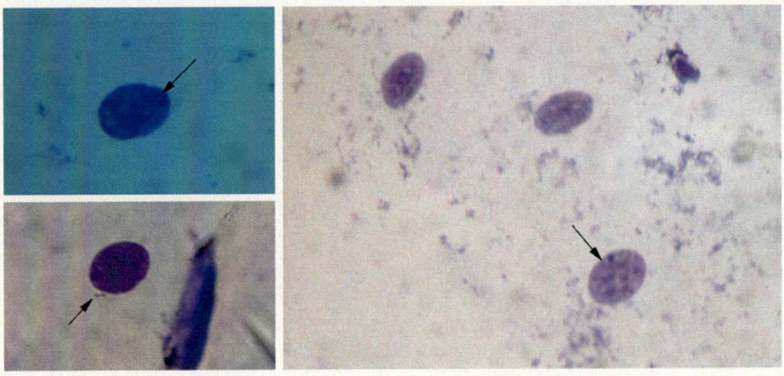

彩图 7　女性口腔上皮细胞 (100×)
箭头示巴氏小体

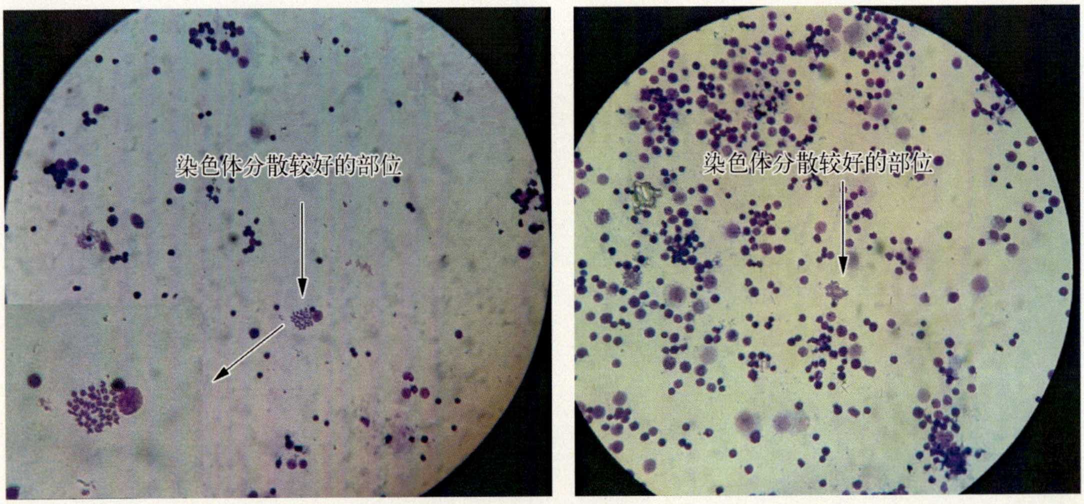

彩图 8　小鼠骨髓细胞（10×）
左图左下侧为染色体分散较好部位的放大图像（40×）

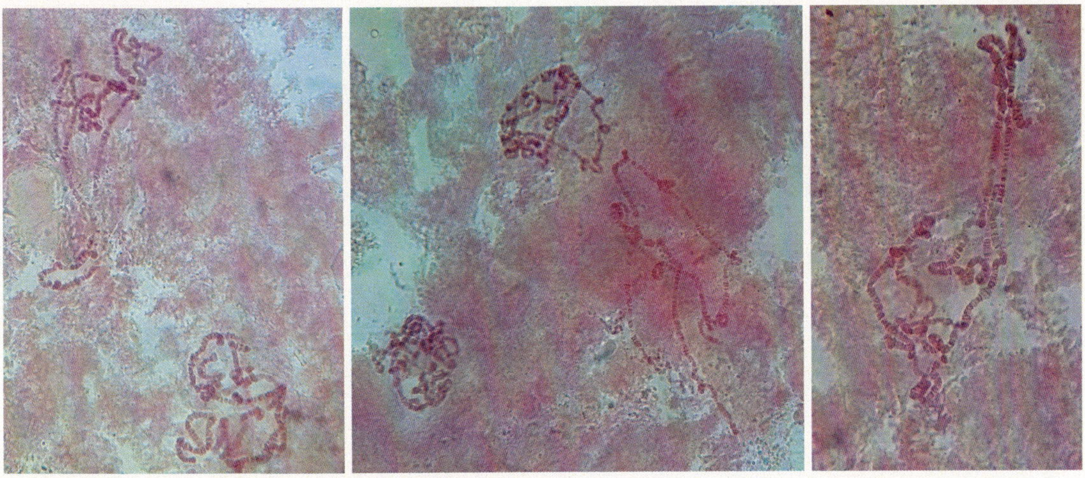

彩图 9　果蝇唾腺染色体玻片标本（40×）

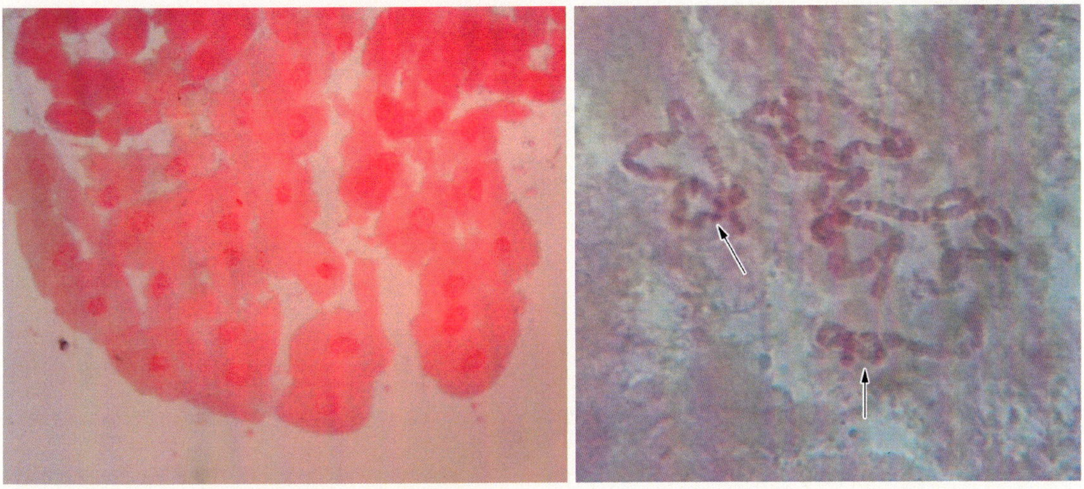

(a)　(b)

彩图 10　果蝇幼虫唾腺染色体制片失败时的玻片标本图像（40×）

(a) 图为压片用力不够时的玻片标本图像；(b) 图为压片用力不均匀时的玻片标本图像；箭头示断裂的染色体臂

彩图 11　植物组织研磨效果

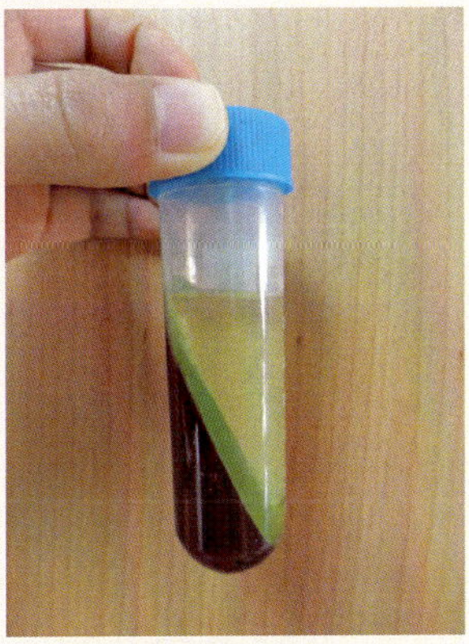

彩图 12

匀浆离心后分层示意图

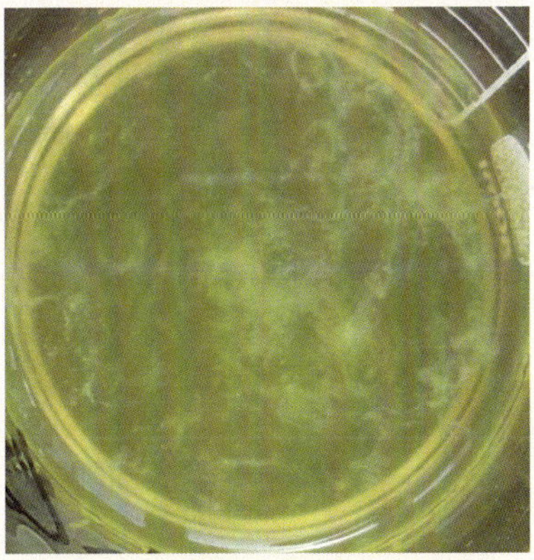

彩图 13　第一次沉淀析出的 DNA

彩图 14　第二次沉淀析出的 DNA

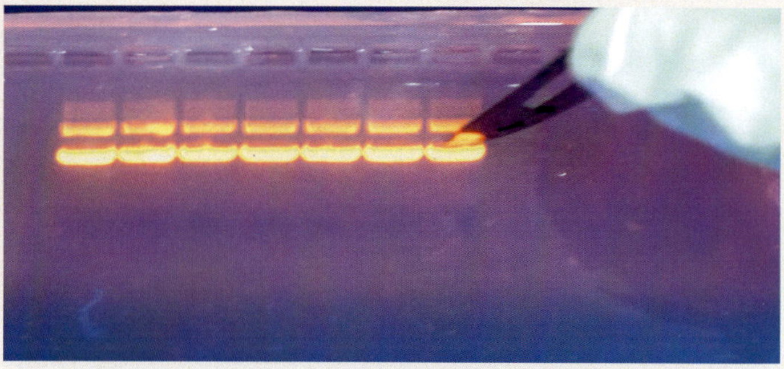

彩图 15　用手术刀片切割需要回收的目的 DNA 片段

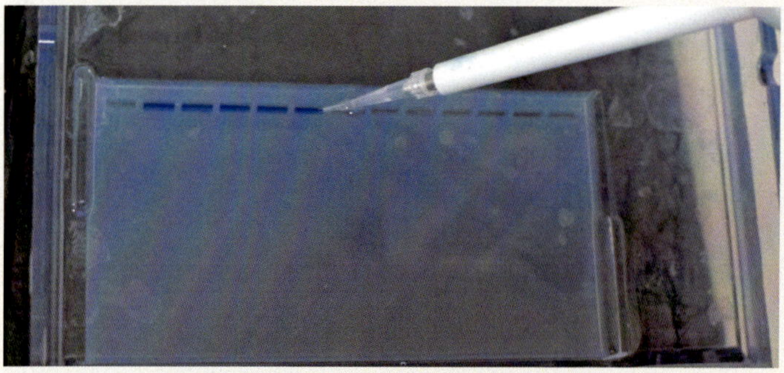

彩图 16　将混合后 DNA 样品注入加样孔

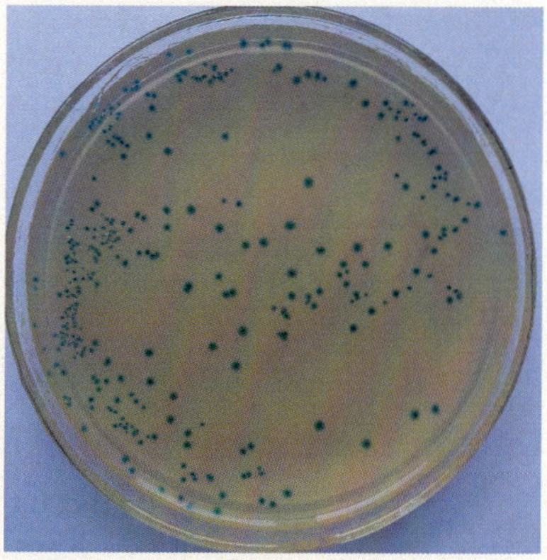

彩图 17　培养基平板表面长出蓝色菌落

(a)　　(b)

彩图 18　非转基因水稻（a）和转 GUS 报告基因水稻（b）